크리스천 청소년 고민 상담소

© 생명의말씀사 2023

2023년 9월 22일 1판 1쇄 발행
2025년 7월 16일   3쇄 발행

펴낸이 | 김창영
펴낸곳 | 생명의말씀사

등록 | 1962. 1. 10. No.300-1962-1
주소 | 서울시 종로구 경희궁1길 6 (03176)
전화 | 02)738-6555(본사) · 02)3159-7979(영업)
팩스 | 02)739-3824(본사) · 080-022-8585(영업)

지은이 | 이정현

기획편집 | 서정희, 이주나
디자인 | 한예은, 조현진, 김혜진
인쇄 | 영진문원
제본 | 다온바인텍

ISBN 978-89-04-23031-0 (03230)

저작권자의 허락 없이 이 책의 일부 또는 전체를
무단 복제, 전재, 발췌하면 저작권법에 의해 처벌을 받습니다.

크리스천 청소년
고민 상담소

이정현

생명의말씀사

추천사

현장에서 오가는 많은 질문과 나눔은 마음을 열게 하고 믿음의 눈을 갖게 하는 좋은 기회입니다. 진심을 담은 답변은 배우는 자와 가르치는 자 사이의 신뢰를 형성합니다. 현장에서 청소년과 뒹굴며 질문을 받고, 그 답을 성경에서 찾은 이 책은 청소년은 물론 사역자들에게도 큰 도움이 되리라 확신합니다. 사랑 없는 정답은 감동을 줄 수 없지만, 온몸과 마음으로 다음 세대를 사랑해 온 저자는 따뜻함과 명쾌함으로 고민을 풀어 줍니다. 다음 세대 사역 현장에서 이 책이 널리 사용되길 기도합니다.

홍민기 (라이트하우스무브먼트 대표, 브리지임팩트사역원 이사장)

좋은 책을 고르는 기준 중 하나는 '누가 썼는가?'입니다. 한 권의 책은 한 사람의 인생을 통과해 나오기 때문입니다. 그런 의미에서 이 책은 청소년은 물론 가슴 속에 청소년을 품은 분이라면 반드시 읽어야 할 책입니다. 이정현 목사님만큼 청소년을 깊이 이해하며 함께한 사람이 또 있을까요?

'한국의 사회 동향 2022'에 따르면 청소년 삶의 만족도는 OECD 회원국 중 최하위, 청소년 사망 원인 중 자살은 수년째 1위를 기록합니다. 청소년 우울증은 계속 증가하며 각종 중독에 노출된 청소년은 바벨론과 같은 세상에서 큰 고민과 갈등을 안고 살아갑니다. 이 시기에 교회에서 답을 찾지 못한다면 한숨을 쉬고 떠날 것입니다. 책에서 제시하는 40가지 질문과 답이면 청소년 곁에서 그들의 고민과 함께할 수 있을 것입니다.

주경훈 (오륜교회 목사, 꿈이있는미래 소장)

청소년은 수많은 부딪힘 속에 살아갑니다. 학업과 진로, 세상의 문화와 가치관 속에서 흔들리는 것이 청소년의 모습이고, 다양한 신앙 고민과 궁금증이 있을 때 해답을 찾기가 쉽지 않은 것이 우리 시대 청소년의 현실입니다. 이 책의 저자 이정현 목사님은 청소년 사역의 베테랑이자, 다음 세대 사역에 오랫동안 헌신해 온 전문가입니다. 청소년들을 탁월하게 이해하는 저자가, 그들의 질문에 명쾌하고 시원한 답을 제공합니다. 평소 궁금한 것이 많던 청소년과, 그들 곁에서 그들의 궁금증을 들어주고 싶은 다음 세대 사역자들에게 이 책을 추천합니다.

양현서 (분당우리교회 고등부 목사)

'청소년 사역'이 쉽지 않다는 이야기를 요즘만큼 많이 나눈 적이 없습니다. 여러 이유가 있겠지만, 대부분은 청소년과의 소통으로 생기는 문제와 어려움이었습니다. 궁금증이 폭발하는 세대의 질문을 받아 주지 않았고, 시원한 답을 제공하지 못했기 때문입니다. 그래서 저는 이러한 책을 늘 기다려 왔습니다. 이제 이 책으로 답을 줄 수 있어 기쁩니다. 고구마 먹다가 들이켠 사이다 한 잔처럼, 청소년 사역의 답답함을 시원케 할 이 책을 청소년과 사역자 모두에게 적극 추천합니다.

이중구 (할렐루야교회 중등부 목사)

너무 궁금하지만 누구에게도 물어볼 수 없던 질문들, 인터넷이나 친구들이 답해 주지 않는 고민들에 소곤소곤 자세하게 알려 주는 책입니다. 세상의 답이 아닌 하나님 안에서 바른 답을 찾고 싶은 친구들도 이 책을 꼭 읽어 봤으면 좋겠어요.

정은재 (청암교회, 고2)

이 책은 사소한 질문부터 무거운 고민까지, 마음 한 곳에서 웅크리던 물음들을 해결해 주고 우리를 올바른 질문 앞에 도달하게 합니다. '하나님은 나를 어떻게 사용하기를 원하실까?' 하는 기대감을 심어 주는 책입니다.

주강 (이서중앙교회, 고3)

프롤로그

 '애플'의 창업자 스티브 잡스는 어렸을 때 교회를 출석한 것으로 알려져 있어요. 그랬던 스티브 잡스가 만 13세 때부터 교회를 멀리하다, 완전히 떠나게 된 계기가 있어요. 하루는 스티브 잡스가 한 잡지를 보는데 아프리카의 고통당하는 어린이들의 모습이 실려 있었고, 스티브 잡스는 이 모습을 목사님께 보이며 질문했다고 해요. "목사님, 아프리카 어린이들이 이렇게 고통당하고 죽어가는 모습을 하나님은 이미 다 알고 계셨을까요?" 이때 목사님은 "글쎄, 네가 이해하기는 어렵겠지만 하나님은 다 알고 계신단다"라고 다소 무성의하게 답변하며 지나갔어요. 스티브 잡스는 이 말을 듣고 기독교 신앙을 포기했다고 해요.

 부모님이나 선생님들은 청소년기의 질문을 때로 반항으로 해석하거나 귀찮게 여기기도 해요. 생각하지 못한 엉뚱한 질문이 마구잡이로 쏟아져 나오기 때문이에요. 왜 청소년기가 되면 질문이 많아질까요? 그 이유는 뇌의 전두엽이 크게 발달하는 시기이기 때문이에요. 전두엽은 논리와 이성과 사고 영역의 역할을 담당합니다.

그래서 청소년기는 '질문하는 시기'라고 해요. 때로는 스티브 잡스처럼 자기 인생에서 중요한 질문이 생겼는데, 이것을 교회에서 해결하지 못하면 교회를 떠날 수도 있게 됩니다. 또는 꼭 교회를 떠나지는 않더라도, 많은 청소년이 자신의 질문을 해결하지 못한 채 답답함을 앉고 교회를 다니곤 해요.

이 책의 첫 번째 목적은 크리스천 청소년의 궁금증을 해결하기 위함이에요. 청소년은 정말 궁금한 것이 많습니다. 교회에서 직접 묻는 모습을 못 봐서 그렇죠. 청소년이 과연 무엇이 궁금한지 알기 위해서 분당우리교회, 할렐루야교회, 군산드림교회 청소년들의 도움을 받았어요. 1천 명이 넘는 학생들이 던져 준 신앙과 삶에 대한 다양한 질문 중에서 공통 내용을 추렸더니, 40개로 압축되었어요. 청소년이 가진 이 궁금증과 고민들을 바른 신앙의 관점 아래 답변을 해 두었어요.

두 번째 목적은 청소년을 양육하고 계신 부모님과 선생님들을 돕기 위함이에요. 자녀들과 학생들이 질문은 해 오는데, 답변하기 어려웠던 적이 한두 번이 아니었을 거예요. 이때 유일한 해결책이 인터넷 검색이었을 거고요. 문제는 인터넷에 올라온 좋아 보이고 그럴듯해 보이는 답변 중 신학적으로 검증되지 않은 내용, 이단의 사상이 꽤 많다는 점이에요. 언제까지 검색에 의존해 문제를 해결해야 할까요? 이제는 이 책이 부모님과 선생님께 큰 도움이 될 것입니다.

세 번째로는 청소년 사역자들을 돕기 위함이에요. 어찌 보면 청소년 사역자들이 가장 반기는 책일 수 있겠습니다. 청소년에게 설교할 때, 그들의 삶과 고민과 궁금증을 알고 있다면 매우 유익할 거예요. 설교 자료로 활용해도 괜찮습니다. 책에 실린 40가지 질문을 토대로 청소년 제자훈련의 콘텐츠로 사용해도 좋습니다. 아마도 이 질문들을 청소년에게 던져 주고 나눔의 장을 마련해 준다면 적극적인 반응을 보일 거예요.

네 번째로는 기독교 대안학교의 교재로 도움을 주기 위함이에요. 책을 쓰면서 각 주제를 가지고, 제가 섬기는 교회의 부설 기독교 대안학교인 '사무엘 크리스천 아카데미' 학생들에게 접근해 보았어요.

이 책의 질문과 주제들을 가지고 그들에게 말씀을 전했는데, 꽤 긍정적으로 반응하는 모습을 보았습니다. 최근 많은 기독교 대안학교가 생겨나고 있는데, 대안학교를 위한 교재는 거의 드뭅니다. 기독교 세계관 교육과 기독교 변증은 매우 중요합니다. 따라서 이 책이 많은 기독교 대안학교 현장에 도움이 되길 바랍니다.

다섯 번째로는 청년들에게도 도움이 되는 책이라고 생각해요. 실은 청소년의 신앙 고민 주제가 청년들과 겹치는 경우도 꽤 많아요. 연애, 술과 담배, 진로와 비전에 대한 것 모두 청소년의 관심사일 뿐 아니라, 청년들의 고민이기도 하죠.

물론 제가 모든 문제에 대한 답을 줄 수는 없어요. 그리고 제 답이 완벽할 수도 없을 거예요. 하지만 오직 성경에서 답을 찾아내려 애쓴 이 책을 통해 청소년과 청년, 교회학교 선생님, 부모님 그리고 다음세대 사역자 분들께 작은 도움이 되길 소망합니다.

이정현 목사

목차

추천사　4
프롤로그　8

Part 1. 내가 누구인지 알고 싶을 때

#하나님 #나 #자존감 #외모

1. 교회에 가면 우리가 다 죄인이라고 하던데, 왜 내가 죄인인가요? / 18
2. 하나님이 나를 만드신 진짜 이유가 무엇일까요? / 22
3. 하나님이 나를 정말 사랑하신다면, 왜 나에게 좋지 않은 일이 일어나나요? / 26
4. 외모에 불만이 많은데 성형 수술해도 되나요? / 30
5. 세상에는 나쁜 사람이 왜 이렇게 많을까요? 악은 누가 만든 건가요? / 34

Part 2. 나의 꿈을 찾고 싶을 때

#비전 #진로 #공부 #입시 스트레스

6. 제 꿈을 모르겠어요. 어떻게 하면 꿈과 비전을 찾을 수 있을까요? / 40
7. 입시 스트레스는 어떻게 하면 풀 수 있을까요? / 44
8. 저는 공부를 싫어하는데, 부모님은 계속 공부를 강요하세요. / 48
9. 돈을 많이 벌어 부자가 되고 싶어요. 혹시 이런 제 생각이 잘못된 걸까요? / 52

Part 3. 천국과 구원 그리고 죽음에 대해 묻고 싶을 때

#구원 #자살 #죽음 #교리

10. 자살하면 정말로 지옥 가나요? 자살하면 안 되는 이유를 알고 싶어요. / 58
11. 천국과 지옥은 정말로 존재할까요? / 62
12. 아무리 착하고 훌륭한 사람이라도 예수님을 믿지 않으면 다 지옥 가나요? / 66
13. 얼마 전 집에서 키우던 반려견이 죽었어요. 동물도 천국에 갈 수 있나요? / 70
14. 꼭 교회에 다녀야 구원받나요? 그냥 혼자 예수님 믿으면 안 되나요? / 74

Part 4. 사랑과 연애가 궁금해질 때

#고백 #스킨십 #혼전순결 #결혼 #동성애

15. 교회에서 마음에 드는 친구가 있는데, 사귀어도 될까요? / 80
16. 청소년의 스킨십, 어디까지 괜찮을까요? / 84
17. 요즘 같은 시대에도 혼전순결 꼭 지켜야 할까요? / 88
18. 결혼은 꼭 해야 하나요? / 92
19. 동성에게 끌린다는 친구가 있는데, 동성애는 정말 죄인가요? / 96

Part 5. 이런 것도 해도 되는지 묻고 싶을 때

#야동 #술 #담배 #타투 #타로 #아이돌

20. 가끔 야동을 보는데요, 야동을 보는 게 죄인가요? / 102
21. 핸드폰 게임을 많이 하는데 절제가 도저히 안 돼요. / 106
22. 술이나 담배는 왜 안 되는지 알고 싶어요. / 110
23. 교회 다니는 사람은 문신이나 헤나를 하면 안 되나요? / 114
24. 운세, 사주팔자, 타로는 왜 보면 안 되나요? / 118
25. 아이돌을 너무 좋아하는데, 이것도 죄인가요? / 122

Part 6. 학교 생활과 관계에 대해 털어놓고 싶을 때

#학교 생활 #친구 #부모님 #급식 시간 #공동체 만들기

26. 교회에서의 모습과 학교에서의 제 모습이 너무 달라요. / 128
27. 친한 친구랑 사이가 멀어졌는데, 어떻게 회복하면 좋을까요? / 132
28. 부모님과 사이가 좋지 않고 대화도 별로 없어요. / 136
29. 학교 급식 시간에 꼭 기도해야 하나요? / 140
30. 학교에서 기도 모임을 만들고 믿음의 공동체를 세우고 싶어요. / 144

Part 7. 하나님을 믿다가도 고민과 갈등이 찾아올 때

#예배 #기도 #시험 기간 #수련회 #학원 특강

31. 고등학교 진학 이후에 믿음이 많이 떨어졌어요. 어떻게 하면 좋을까요? / 150
32. 교회 예배가 너무 지루해서 가기 싫어요. / 154
33. 기도하면 하나님이 정말 다 들어주시나요? / 158
34. 시험 기간에도 교회에 꼭 가야 하나요? / 162
35. 수련회랑 학원 특강이 겹치는데, 어디를 가야 하나요? / 166

Part 8. 성경과 교회에 대해 더 알고 싶을 때

#성경책 #진화론 #외계인 #교단 #이단

36. 성경이 정말로 하나님 말씀이라는 증거가 있나요? / 172
37. 학교에서 진화론을 배우는데 성경과 많이 달라 혼란스러워요. / 176
38. 외계인은 정말로 존재할까요? / 180
39. 개신교는 교단이 왜 이렇게 많나요? / 184
40. 교회와 이단의 차이는 무엇인가요? 어떤 기준으로 이단이라고 하나요? / 188

교회에 가면 우리가 다 죄인이라고 하던데, 왜 내가 죄인인가요?

"교회에 가면 목사님이 설교하실 때나 성경 공부 시간에 '우리는 모두 죄인'이라는 말을 자주 들어요. 저는 그다지 큰 죄를 지은 것 같지 않은데 왜 제가 죄인인가요?"

보통 '죄'를 생각하면, 나쁜 행동이나 범법 행위가 떠오를 거예요. 폭력을 행사한다든지, 물건을 훔친다든지, 사기나 거짓말로 남에게 피해를 주는 행동을 죄라고 생각하지요. 그래서 주변에 나쁜 행동이라고는 한 번도 하지 않을 것 같은 사람을 보면, '사람은 누구나 죄인'이라는 말에 선뜻 동의하기 어려울 거예요.

'죄'라는 단어는 헬라어로 '하마르티아'인데, '과녁을 벗어나다' 또는 '빗나가다'라는 뜻을 가지고 있어요. 즉, 죄는 하나님이 만들어 놓으신 기준에서 벗어나거나 빗나가는 것을 뜻해요. 사람이 만들어

놓은 기준과 다른 행동을 할 때 죄가 아니라, 하나님이 세워 놓으신 기준에서 벗어나면 그것이 죄인 거예요. 하나님 뜻대로 살지 않는 것과 그 뜻을 거스르는 것이 죄입니다. 죄는 사람의 관점이 아닌 하나님 관점에서 볼 필요가 있어요.

'죄'란 무엇일까?

그렇다면 먼저 성경에서 말하는 죄가 무엇인지 구체적으로 살펴볼게요. 하나님은 사람을 창조하시고, 에덴동산에서 살게 하셨어요. 그리고 그곳에 있는 모든 것을 먹도록 해 주셨지만 동산 중앙에 있는 나무의 열매는 먹지 말라고 하셨어요. 아담과 하와는 동산을 거닐며 수도 없이 그 나무를 보았을 거예요. 여기에는 하나님의 특별한 의도가 담겨 있답니다. 선악과를 만드시고, 그것을 먹지 말게 하신 것은 하나님의 법이에요. 하나님은 인류 역사상 최초의 법을 제정하신 거예요.

선악과를 먹지 않는 것은, 과일 하나 먹고 안 먹고의 문제가 아니었어요. 개인의 취향과 자유에 대한 문제가 아닌, 하나님이 주신 법을 지키느냐 지키지 않느냐인 거예요. 그런데 결국, 사람은 선악과를 먹었어요. 하나님이 만들어 놓으신 법을 어긴 거죠. 법을 어겼기 때문에, 죄를 지은 것과 같아요. 이 일로 인류에게 죄가 들어오게 되었어요. 이것이 성경에서 말하는 죄의 시작이에요.

로마서 5장 12절을 보면 "그러므로 한 사람으로 말미암아 죄가 세상에 들어오고 … 이와 같이 모든 사람이 죄를 지었으므로 사망이 모든 사람에게 이르렀느니라"라고 말해요. 아담과 하와의 이 죄를 가리켜 '원죄'라고 불러요. 인류를 대표하는 아담과 하와가 하나님과의 약속을 깨뜨리면서 죄가 이 땅에 들어왔어요. 그래서 사람은 태어나는 순간부터 죄인이 되었어요.

로마서 3장 23절은 "모든 사람이 죄를 범하였으매 하나님의 영광에 이르지 못하더니"라고 해요. 아담만 죄인이 아니라 모든 사람 곧, 인류 전체가 죄인이라고 성경은 말해요. 어느 정도 단호하게 말하냐면요, 로마서 3장 10절을 보면 "의인은 없나니 하나도 없으며"라고 해요. 의인은 죄가 없는 사람을 뜻하는 말이에요. 그렇다면 죄가 없는 사람은 세상에 단 한 명도 존재하지 않는다고 성경은 강조해요.

누구나 죄인

때로는 귀엽고 착하게만 보이는 어린아이에게 무슨 죄가 있을까 하는 생각이 들 거예요. 그런데 창세기 8장 21절을 보면 "사람의 마음이 계획하는 바가 어려서부터 악함이라"라고 나와 있어요. 사람은 누구나 죄인으로 태어나고, 그러하기에 어릴 때부터 악함이 그 안에 존재한다는 거예요. 이 부분은 나중에 아이를 낳고 키워 보면 쉽게 깨달을 수 있는데요. 아이들은 어릴 때부터, 본능적으로 선한 행동을 하기보다는 악한 행동을 더 많이 하는 모습을 발견하게 됩니다. 부모가 가르쳐 주지 않았는데도 거짓말을 해요. 누군가를 사랑하기보다는 질투하고 미워하기를 더 잘해요. 이 모든 게 인간은 처음부터 죄인이라는 것을 증명해요.

사람은 선한 행동보다는 악한 행동을 하기 쉬워요. 태어나면서부터 이미 가지고 태어난 원죄로 사람은 누구나 쉽게 죄를 가까이하게 되어 있어요. 한 주간 삶 속에서 죄를 짓지 않고 살아가는 사람은 존재하지 않을 거예요. 마가복음 7장 20-23절을 보면, 사람 속에서 나오는 것은 악한 생각이라고 분명하게 못을 박아요. 성경은 우리의 생각을 이미 죄라고 규정해요. 악한 생각부터 음란, 도둑질, 살인, 간음, 탐욕, 속임, 음탕, 질투, 비방, 교만, 우매함이 우리 안에 있다고 말해요. 이렇게 죄인인 우리이기에, 날마다 하나님 앞에 엎드려 은혜를 구하며 하루를 살아야 할 뿐입니다.

하나님이 나를 만드신
진짜 이유가 무엇일까요?

"가끔 '나는 왜 이 세상에 태어났을까?' 하는 생각이 들어요. 하나님이 사람을 창조하셨다고 하는데, 하나님은 왜 나를 만드신 걸까요?

인류 시작과 함께, 사람들은 자신이 어떻게 만들어졌는지에 대해 관심이 많았어요. 신화가 존재하는 이유가 바로 그 때문이지요. 나라마다 신화가 존재하는데 우리나라에는 단군 신화, 서구권에는 그리스 로마 신화가 있어요. 신화란 글자 그대로 '신(神)에 대한 이야기'랍니다. 그러나 단순한 이야기만이 아닌 우주의 기원, 인류의 탄생, 신과 영웅의 업적을 담고 있어요. 신화가 존재하는 것은 사람이 그만큼 자기 기원에 대해 관심이 많다는 것을 방증해요. '어떻게 세상이 만들어졌을까? 어떻게 사람이 존재하기 시작했을까? 어떻게 나라는 사람이 이 땅에 만들어졌을까?' 이러한 질문 속에서 신화가 생겨난 거죠. 하지만 신화는 사람이 인위적으로 만든 창작물이에요. 그래서 신화를 통해서는 사람의 시작을 정확히 알 수 없어요. 그러면, 사람의 기원에 대해서 알 수 있는 방법은 무엇일까요?

하나님은 왜 사람을 만드셨을까?

성경을 보면 인류의 기원, 즉, 존재의 시작과 목적에 대해서 분명히 알 수 있어요. 창세기에 보면 하나님이 직접 흙으로 사람을 빚으시고, 그 안에 생령을 불어넣으셔서, 영혼이 있는 존재가 되게 하셨어요. 다른 동물과 달리 오직 사람에게만 영혼이라는 것을 만들어 주셨어요.

그렇다면 하나님은 왜 사람을 창조하셨을까요? 이사야 43장 7절 말씀을 보면 '하나님의 영광'을 위해서 만드셨다고 해요. 하나님은 사람이라는 존재를 직접 만드셨고 이 과정을 통해 영광을 받으신다는 뜻이에요. '하나님의 영광'은 다른 말로 하면 '하나님의 기쁨'이라고 할 수 있어요. 하나님의 기쁨을 위해 사람을 만드셨다고 해요. 이는 모든 사람에게 해당하는 내용이에요. 갓 태어난 아기, 초등학교 다니는 어린이, 청소년과 청년, 연로한 어르신 모두 하나님의 영광을 위해 만드셨어요. 그냥 우연히 이 세상에 태어난 사람은 한 명도 없어요. 하나님의 특별한 계획 속에서 창조가 이루어졌어요. 우리 한 명 한 명이 얼마나 특별한지 성경은 이렇게 말해요.

하나님의 사랑을 받는 나

① 하나님의 계획 속에서 창조된 나

이것은 세상 만물이 시작되기 전부터의 계획이라고 하세요. 에베소서 1장 4절은 "곧 창세 전에 그리스도 안에서 우리를 택하사 우리로 사랑 안에서 그 앞에 거룩하고 흠이 없게 하시려고"라고 말해요. 하나님은 세상이 시작되기 전인, 창세 전부터 각 사람을 계획하고 준비하셨다고 말씀하세요. 이사야 44장 2절을 보면 "너를 모태에서부터 지어 낸 너를 도와 줄 여호와가 이같이 말하노라"라고 하세요. 하나님은 특별한 계획 속에서 직접 모태에서 우리를 지으신 분이에요. 따라서 하나님은 우리를 하나님의 사랑받는 존재, 거룩하고 흠이 없는 존재로 엄청난 준비 속에서 특별하게 만드셨어요.

② 하나님의 형상과 모양으로 특별하게 지음받은 나

하나님은 그냥 아무렇게나 우리를 지으신 것이 아니에요. 우리 안에 하나님의 형상과 모양이 들어 있어요. 창세기 1장 26절에는 "하나님이 이르시되 우리의 형상을 따라 우리의 모양대로 우리가 사람을 만들고"라고 기록되어 있어요. 부모가 자녀를 낳으면, 그 자녀는 부모를 닮게 됩니다. 외모도 지능도 성격도 부모를 닮아요.

이렇듯 우리 안에는 하나님의 형상이 담겨 있어요. 즉, 하나님의 모습이 우리 안에 있다는 사실이에요. 이렇게 볼 때, 우리 한 명 한 명이 너무나도 귀하고 특별해요. 간혹 청소년기에 외모에 대한 열등감, 환경이나 성적에 대한 열등감으로 자존감이 낮은 친구들이 있어요. 그런데 어떠한 모습이든지 우리는 하나님 보시기에 최고의 모습이에요. 하나님의 형상이 담긴 하나님의 걸작품이기 때문이에요.

자꾸 내 안에 찾아오는 비교 의식과 열등감은 사탄의 속삭임이에요. 사탄은 '거짓의 영'이에요. 사탄은 현재 내 모습에 만족하지 못하게 만들어요. 주변의 다른 목소리에 마음을 빼앗기게 해요. 우리가 하나님의 사랑받는 특별한 존재라는 사실을 싫어하기 때문이에요. 하지만 사탄이 주는 마음을 떨쳐 버리고, 하나님의 속삭임에만 귀 기울이기를 바랄게요. 하나님은 당신을 아주 특별하게 만드셨어요. 당신은 가장 특별한 존재입니다.

Q3.

하나님이 나를 정말 사랑하신다면, 왜 나에게 좋지 않은 일이 일어나나요?

> "하나님이 나를 사랑하신다고 하는데, 하나님이 나를 정말로 사랑하신다면 왜 내 인생에는 이렇게 좋지 않은 일이 자주 일어날까요?"

"날 사랑하심 성경에 써 있네"라는 찬송가 〈예수 사랑하심을〉의 가사처럼, 성경 곳곳은 하나님이 우리를 사랑하신다고 해요. 그런데 살다 보면 좋지 않은 일을 겪을 때가 있고 감당하기 힘든 일을 겪을 때도 있기 마련이에요. 그럴 때면 '하나님이 나를 사랑하신다는데, 왜 이런 일이 일어날까?'라는 생각이 들어요.

제가 아는 한 분은 정말 어려운 가정 형편 속에서 자라셨어요. 아버지께서 바다에서 일을 하셨는데, 식구들이 간신히 입에 풀칠할 정도였다고 해요. 그러던 중 아버지의 일이 잘 풀리고 그제야 집안 살

림이 좀 나아질 만한 상황이 되었는데, 아버지께서 그만 사고로 돌아가 버리셨어요. 그 순간, 이분은 하나님의 존재를 의심하게 되었다고 해요. '하나님이 나를 사랑하신다면, 왜 우리 집에 이렇게 힘든 일이 일어날까?' 이 질문을 지울 수 없었던 거예요.

그의 생각 셀 수 없고

하나님이 정말로 우리를 사랑하신다면, 나쁜 일을 허락하시면 안 된다고 생각할 거예요. 하나님을 믿으시는 부모님의 사업은 잘되어야 하고, 누구에게 사기당하는 일은 없으셔야 할 거예요. 하나님을 믿는 부모님은 중병에 걸리지 않고 늘 건강하셔야 하고요. 하나님을 믿는 나는 시험을 잘 봐야 하고, 좋은 대학교에 진학해야 하고, 누가 봐도 성공했다고 할 법한 괜찮은 인생을 살아야 한다고 생각할 거예요.

그런데 현실은 과연 그런가요? 하나님을 믿어도 부모님이 사업에 실패하실 수 있어요. 하나님을 믿어도 가족이 사고를 당하기도 해요. 하나님을 믿어도 입시와 진학에 좌절을 겪을 수 있어요. 하나님을 믿어도 실연의 아픔을 겪고, 인생에서 크고 작은 실패를 경험해요. 하나님을 믿는 사람에게 왜 나쁜 일이 발생할까요?

〈그의 생각〉 찬양에 "그의 생각 셀 수 없고"가 나오는데, 그 가사가 딱 맞는 것 같네요. 하나님의 오묘하고 신비하고 놀라우신 계획을 우리가 알 수 없고, 때로는 다 해석할 수 없어요.

하나님의 진심

먼저, 우리 죄로 인해서 나쁜 일이 일어나는 경우를 살펴볼게요. 하나님은 그 죄의 대가로 우리에게 벌을 주실 때가 있어요. 마치 부모가 자녀를 훈계하듯이, 혼내면서 바로잡게 하시는 경우지요. 이는 죄로 인한 결과인 거예요.

우리의 믿음을 시험하시기 위해서 나쁜 일이 일어나는 경우도 있어요. 하나님은 아브라함에게 100세에 낳은 귀한 아들을 바치라고 말씀하세요. 아브라함의 믿음을 시험하시기 위해서였어요. 이것은 아브라함에게 죽기보다 더 힘든 일이었어요. 욥이 고난받은 이유도 하나님이 욥의 믿음을 시험하시기 위해서였어요.

자녀를 연단하시기 위해서인 경우도 있어요. 미국 콜로라도 협곡에 사는 독수리들은 새끼를 낳고 어느 정도 자라면, 둥지 속 깃털을 모두 버려요. 그러면 새끼들이 둥지 밖으로 떨어지게 되는데, 이때 어미 독수리는 큰 날개를 펴서 떨어지는 새끼를 다시 받아내요. 이 과정을 무수히 반복하면서 새끼 독수리가 날 수 있게 됩니다. 로마서 5장 4절을 보면, 인내가 연단을 만든다고 해요. 때로는 원치 않은 어려움과 고통을 통해 우리는 하나님의 온전한 자녀가 된답니다.

하나님의 궁극적인 뜻을 알기는 무척 어렵지만, 한 가지 확실한 것은, 우리가 고통 속에 있는 것이 하나님의 본심은 아니시라는 사실이에요. 예레미야애가 3장 33절은 "주께서 인생으로 고생하게 하시며 근심하게 하심은 본심이 아니시로다"라고 해요.

하나님이 만드시는 해피엔딩

성경 속 믿음의 위인들을 보면 고통스러운 과정은 있지만, 고통스러운 결말은 하나도 없어요. 요셉은 청소년기에 형들에 의해 다른 나라에 노예로 팔려 가는 일을 겪고 또 그곳에서 감옥에 들어가기도 했지만, 하나님은 그를 축복하시고 애굽의 총리로 세우셨어요. 다니엘의 세 친구는 왕의 신상에 절하지 않아서 풀무 불에 들어가는 위기를 겪었지만, 하나님은 그 속에서도 모두를 구해 내셨어요. 이처럼 하나님을 믿어도, 인생의 과정에서 어려운 일을 만날 수 있어요. 하지만 우리는 결국 하나님의 선하신 손길을 경험하게 될 거예요. 왜냐하면 하나님은 사랑이시고, 그 하나님이 우리를 사랑하시기 때문이에요.

외모에 불만이 많은데 성형 수술해도 되나요?

> "저는 제 외모에 불만이 많은 청소년이에요. 주위를 보면 눈이나 코 같은 경우 성형 수술을 많이 하던데, 저도 관심이 가요. 성형 수술, 저도 해도 될까요?"

성경 어디에도 성형에 대한 언급은 없어요. 또한 성형 수술과 연관된 말씀은 한 구절도 등장하지 않아요. 따라서 성경적으로 성형 수술이 문제가 된다거나, 죄라고 여길 근거는 없다고 할 수 있어요. 하지만 성형 수술을 성경적으로 어떻게 바라봐야 할지는 성형의 동기를 살펴보면 더 잘 알 수 있어요. 먼저는 성형을 긍정적으로 보는 경우를 살필게요.

첫째로는 신체적 장애를 해소하기 위한 성형은 필요할 수 있어요. 신체의 특정 부위에 장애 요소가 있다면, 성형 수술이 필요해요. 선천적인 코의 모양으로 숨을 쉬기 힘들다면, 그 코는 성형 수술을 해야 해요.

둘째는 신체의 외형으로 일상생활이 불편할 정도라면 성형이 필요할 수 있어요. 장애는 아니지만, 다른 사람과 너무나도 다른 신체를 가지고 태어나 이로 인해 대인관계나 사회생활이 힘들다면, 성형 수술이 필요할 수 있어요.

셋째는 외모로 인해서 자존감이 낮아져 사람들을 자꾸 피할 정도라면, 성형이 필요할 수 있어요. 신체적 열등감으로 자존감이 낮은 경우, 학교 생활과 교회 생활이 힘들 정도라면 성형 수술이 필요할 수 있어요.

성형 수술과 자존감의 상관관계

그렇다면 요즘 유행하는 성형 수술이 과연 앞에서 말한 것처럼 신체적 장애 극복, 사회성 극복, 자존감 회복과 관련이 있을까요? 최근 유행하는 성형을 보면, 상당히 많은 경우가 외모지상주의와 연결된 것을 알 수 있어요. 의대 분과 중에서도 성형외과의 단연 높은 인기는 외모지상주의 사회의 모습을 증명해요. 과거와 비교해서 성형 수술이 이렇게 늘어난 이유가 무엇일까요? 전 세계적으로 볼 때 우리나라가 성형 수술을 상당히 잘하는 것으로 알려져 있는데, 그 이유가 무엇일까요? 이 모든 것은 사회 전반에 흐르는 외모지상주의와 연결됩니다.

과거에는 지금처럼 성형 수술이 필요하지 않았어요. 미의 기준이 달랐기 때문이에요. 하지만 이 시대의 기준은 매우 획일화되어 있어요. 적당히 갸름한 얼굴, 높은 코, 쌍꺼풀이 있는 큰 눈, 하얀 피부, 날씬하고 멋진 몸매를 가져야 해요.

외모지상주의의 흐름 속에 성행하는 성형 수술은 문제가 있어요. 외모에 대한 지나친 관심은 허영심의 결과이기 때문이에요. 허영심은 죄의 모습 중 하나입니다. 외모를 너무 절대시하는 것은 우상 숭배라고도 할 수 있어요. 사람의 신체적 아름다움에 집착할 때, 이미 그것은 몸을 숭배하는 거예요. 또 하나님이 만들어 주신 몸을 인정하지 않는 행위는 하나님의 창조에 이의를 제기하는 행동일 수 있어요.

성형 수술에 앞서 우리가 생각해야 할 것은, 왜 하나님이 사람을 다양하게 만드셨는지에 대한 거예요. 왜 어떤 사람은 하얗게, 어떤 사람은 붉게, 어떤 사람은 까맣게 만드셨을까요? 어떤 사람은 키가 크고 날씬하게, 어떤 사람은 키가 작고 통통하게 만드셨을까요? 큰 눈과 높은 코를 선물로 받은 사람이 있고, 작은 눈과 낮은 코를 선물로 받은 사람이 있어요. 왜 하나님은 이렇게 다양하게 사람을 만드셨을까요?

하나님의 창조물에는 각각 하나님의 뜻이 담겨 있어요. 흑인을 만드신 뜻, 백인을 만드신 뜻, 황인을 만드신 하나님 고유의 뜻이 있다는 사실이에요. 누가 좋고 나쁘고가 아닌, 하나님의 크신 뜻이 있다는 사실을 먼저 우리는 알아야 해요. 하나 더 생각해야 할 점은 하나님은 사람의 외모보다 내면에 관심을 두신다는 거예요. 사무엘상 16장 7절을 보면 "내가 보는 것은 사람과 같지 아니하니 사람은 외모를 보거니와 나 여호와는 중심을 보느니라"라고 하세요. 하나님의 관심은 외모 그 자체가 아닌 사람의 중심, 즉 내면에 있어요. 잠언 31장 30절은 "고운 것도 거짓되고 아름다운 것도 헛되나 오직 여호와를 경외하는 여자는 칭찬을 받을 것이라"라고 말해요. 아름답고 고운 것도 헛될 수 있어요. 오직 하나님을 경외하는 그 마음이 최고라고 말씀하세요.

예수님의 외모는 어떠셨을까?

성경 속 예수님의 외모에 대한 묘사를 살펴볼게요. 이사야 53장 2절은 "고운 모양도 없고 풍채도 없은즉 우리가 보기에 흠모할 만한 아름다운 것이 없도다"라는 서술로 예수님의 외모를 표현하고 있어요. 이 땅에 구원자로 오신 하나님 아들의 모습은 우리의 예상과 달리, 외형적으로 크게 뛰어나지 않으셨어요. 성경은 오히려 매력적인 외모의 모습은 전혀 존재하지 않았다고 말해요. 왜 예수님은 이러한 외모로 이 땅에 오셨을까요? 만약 외모가 중요했다면, 하나님은 예수님을 귀공자로 만들어 보내셨을 거예요. 예수님의 겉모습이 아닌, 이 땅에서 하신 일이 중요해요. 우리 친구에게 정말 중요한 것이 무엇인지 잘 생각하면 좋겠어요.

세상에는 나쁜 사람이 왜 이렇게 많을까요? 악은 누가 만든 건가요?

"세상에 보면 나쁜 사람이 너무 많은 것 같아요. 아동 유괴범, 연쇄 살인범, 폭탄 테러범부터 수백만 명을 죽인 독재자까지요. 악은 도대체 누가 만든 걸까요?"

　주변을 보면 고통을 겪는 사람이 너무나도 많아요. 새벽 기도를 가다 강도를 만나서 목숨을 잃은 분이 있어요. 평생 성실히 모아 놓은 돈을 보이스피싱으로 날린 분도 있어요. 각종 사고와 범죄 속에서 지금도 고통을 겪는 가족도 있고요. 이 모습을 보면 과연 악은 누가 만들었는지 궁금할 거예요.

　성경을 보면, 하나님이 세상의 모든 것을 만드셨다고 나와요. 그렇다면 악도 하나님이 만드셨을까요? 만약 하나님이 악을 만드셨다면, 하나님은 악하신 분이 됩니다. 하지만 하나님은 선하신 분, 좋으신 분이라고 성경은 말해요. 하나님의 속성 중 '사랑'은 으뜸이에요. 사랑의 하나님이 악을 만드셨다는 것은 논리적으로 모순되죠. 성경 어디에도 하나님이 악을 만드셨다는 말은 나오지 않아요. 그렇다면, 악은 과연 누가 만들었을까요? 악의 기원은 어디에 있을까요?

한 사람

하나님이 천지를 창조하신 과정에서 반복적으로 하셨던 말씀이 '좋았더라'였어요. 처음 세상은 모든 것이 좋았어요. 세상에는 완벽하게 선만 있었고 악은 조금도 없었어요. 죄가 들어오기 전까지는요. 그렇다면 죄는 어떻게 들어오게 되었나요? 사탄이 뱀을 통해서 사람을 유혹하면서 죄가 들어왔어요. 로마서 5장 12절은 분명하게 말해요. 한 사람을 통해 죄가 세상에 들어왔다고요. 사탄이 아담과 하와를 죄로 유혹하고, 그 아담과 하와가 죄를 지으면서 이 세상에 죄가 들어온 것이 성경에서 말하는 악의 시작이에요. 악은 죄와 함께 시작하게 된 거죠.

창세기를 보면, 아담과 하와 이후로 갑자기 세상은 악해지게 됩니다. 아담과 하와의 아들인 가인은 동생 아벨을 죽여요. 이로써 형제 살인 사건이 발생해요. 가인의 후예인 라멕은 아내를 두 명이나 취해요. 하나님의 계획은 일부일처제인데, 자기 욕심으로 부인을 더 취한 라멕은 어린아이를 죽이는 끔찍한 살인까지 벌여요. 이처럼 하나님이 세상을 지으신 지 얼마 되지 않아, 세상은 악의 천지가 되었어요. 그래서 성경은 이렇게 말해요.

"여호와께서 사람의 죄악이 세상에 가득함과 그의 마음으로 생각하는 모든 계획이 항상 악할 뿐임을 보시고 땅 위에 사람 지으셨음을 한탄하사 마음에 근심하시고"(창 6:5-6).

오죽하면 사람 만드신 것을 한탄한다고 하셨을까요? 결국 하나님은 이러한 죄악된 인류를 홍수로 심판하기로 결정하세요. 그러나 홍수 심판 이후로도 인간의 죄는 결코 없어지지 않았어요. 바벨탑을 세워 하나님의 권위에 대항하고, 계속해서 악을 만들고 또 만들었으며 그 악은 세대가 지나갈수록 더 커졌어요. 한 번도 악이 약해진 시대는 없어 보여요.

오직 한 길

우리 안에 이런 마음이 들 수 있어요. '하나님은 세상이 악해질 것도 미리 다 알지 않으셨나요? 그렇다면 다른 대비책을 주셔야지, 왜 이렇게 방치해 두셨을까요? 하나님이 악을 만들지 않으셨더라도, 악을 방치하신 것은 하나님의 책임이 아닐까요?' 이와 같은 고민 아래 이신론(deism)이 탄생했어요. 신이 모든 것을 만든 다음부터는 세상에 개입하지 않으신다는 이론이에요. 마치 시계 제작자가 시계를 만든 이후로는 그 시계가 움직이는 것에 개입하지 않는 것처럼요.

하지만 하나님은 사람을 지으실 때, 선한 행동만 하도록 세팅된 로봇으로 만들지 않으셨어요. 하나님은 사람에게 자유의지를 주셨어요. 인간은 선을 선택할 수도 있고, 악을 선택할 수도 있어요. 그리고 그 자기 결정에 대한 책임을 지게 하셨어요. 선한 행동을 하면 선한 열매가 있고, 악을 선택하면 그에 따른 죗값을 받아요.

하나님은 사람이 자신에게 부여된 자유의지로 선을 행하고, 하나님의 영광을 나타내기를 원하시기 때문이에요. 하지만 인간은 하나님이 주신 자유의지를 잘못 사용했어요. 이로써 이 세상에 악이 들어 왔어요. 한번 시작된 악은 사람의 본성 속에서 계속 커지는 속성이 있어요. 이 악에서 벗어나는 길은, 하나님을 온전히 따르는 길밖에 없어요. 지금부터라도 하나님이 주신 자유의지를 하나님이 기뻐하시는 방향으로 사용하도록 해요.

제 꿈을 모르겠어요.
어떻게 하면 꿈과 비전을 찾을 수 있을까요?

> "청소년기에 꿈과 비전을 찾으라는 소리를 많이 들어요. 특히 하나님이 원하시는 비전을 찾아야 한다고 하던데, 무엇이 하나님이 원하시는 비전인가요? 어떻게 하면 하나님이 원하시는 꿈과 비전을 찾을 수 있나요?"

인생에서 정말 중요한 것 한 가지를 꼽으라면 '방향'일 거예요. 즉, 앞으로 가야 할 길을 뜻해요. 이것은 다른 말로 비전이라고 해요. 일반적으로는 '인생의 미래를 바라볼 수 있는 능력'을 뜻해요. 이런 면에서 비전을 갖는 것은 매우 중요해요.

그런데 모든 청소년이 비전을 갖는 것은 아니에요. 그렇다면 비전 없이 살아도 괜찮을까요? 듣지도 보지도 말하지도 못하던 헬렌 켈러는 '눈은 떴으나 비전 없는 삶'이야말로 비참한 삶이라고 했어요. 비전 없이 사는 삶은 미래가 없기에 안타까운 삶이에요.

비전, 어디서 나올까?

성경에서도 비전의 중요성을 말하고 있어요. 잠언 29장 18절 말씀을 영어 NIV 버전으로 볼게요. "비전이 없으면 백성은 망한다 (Where there is no vision, the people will perish)." 이것은 청소년과 청년, 그리고 모든 사람에게 다 해당되는 말씀이에요. 중요한 것은 참된 비전은 하나님으로부터 나온다는 거예요. 보통 청소년기에 인생의 꿈을 꾸고 미래를 준비하며 진로를 정하고 그 후 대학교 입학을 하죠. 그런데 나중에 그 학교를 그만두는 모습을 보곤 해요. 심지어는 대학교를 졸업하고 새로운 길을 찾는 사람도 있어요. 간혹, 나이를 지긋이 먹고 그제야 자기 길을 찾았다고 하는 분도 계시고요. 우리가 가야 할 길은 오직 하나님만이 아세요. 하나님의 인도하심을 받을 때, 비전의 길을 걸을 수 있어요.

비전, 어떻게 찾을 수 있을까?
① 내 기쁨이 아닌 하나님의 기쁨을 구할 때

성경에는 위대한 비전의 사람, 사도바울이 등장해요. 사도바울이 위대한 까닭은 하나님이 원하시는 비전을 갖고 평생을 살았기 때문이에요. 그렇다면 바울은 어떻게 하나님이 원하시는 비전을 갖게 되었을까요? 삶의 모든 목표가 하나님의 기쁨이었기 때문이에요. 갈라디아서 1장 10절에서 사도바울은 이렇게 말했어요. "이제 내가 사람들에게 좋게 하랴 하나님께 좋게 하랴 사람들에게 기쁨을 구하라 내가 지금까지 사람들의 기쁨을 구하였다면 그리스도의 종이 아니니라." 바울은 늘 하나님의 기쁨을 추구했기 때문에, 하나님이 원하시는 비전을 찾을 수 있었어요.

② 간절히 비전을 구할 때

청소년기는 망망대해 같아요. 세상은 넓은데, 어디로 가야 할지 모르는 청소년이 많아요. 갈 바를 알지 못하는 아브라함과도 같죠. 아브라함이 하나님의 음성을 듣고 길을 갔을 때, 그 길이 바로 비전의 길이었어요. 청소년기에 정말 중요한 것은 비전을 놓고 기도하는 거예요. 마태복음 7장 7절은 "구하라 그리하면 너희에게 주실 것이요 찾으라 그리하면 찾아낼 것이요 문을 두드리라 그리하면 너희에게 열릴 것이니"라고 분명히 말해요. 비전을 놓고 기도하면 반드시 하나님은 필요한 길로 인도해 주세요.

③ 하나님과 깊은 교제를 나눌 때

평소 찬양과 기도와 말씀을 통해서 하나님과 깊은 교제를 가지면, 나도 모르게 비전을 발견할 수 있어요. 하나님은 그분을 사랑하는 사람에게 늘 좋은 것을 주시기 때문에 하나님과의 깊은 관계가 가장 중요해요. 요엘 2장 28절에 보면 '젊은이들'에게 하나님의 영이 임하시는 장면이 나와요. 하나님의 영이 임하신다는 것은 하나님과 특별한 영적인 관계를 맺는다는 뜻이에요. 바로 그 순간에, 젊은이들은 이상을 보게 될 것이라고 해요. 여기서 '이상'이라는 단어가 영어 성경에는 '비전'으로 나와 있어요.

　즉, 하나님의 영이 역사하시면 비전을 찾을 수 있어요. 하나님과의 깊은 관계가 청소년을 비전의 길로 인도하는 거지요. 청소년기에 하나님을 사랑하면서 꿈을 꾼다면 이전에는 생각지도 못했던 비전을 찾게 될 거예요.

　한 소년이 밤하늘을 열심히 보고 있었어요. 아버지는 아들이 무엇을 그렇게 열심히 보는지 물었어요. 그러자 아들은 "언젠가 저 달나라에 가고 싶어서요"라고 했어요. 이때 아버지는 아들을 터무니없다고 나무란 게 아니라, 오히려 칭찬해요. "넌 참 훌륭한 꿈을 가졌어. 언젠가 그 꿈이 이뤄질 줄 아빠는 믿는다." 소년은 30여 년 후 정말로 달에 가게 됩니다. 바로 크리스천 과학자, 제임스 어윈이에요. 하나님은 그분을 사랑하고 따르는 사람의 비전을 반드시 이뤄주심을 믿으며, 하나님이 주신 꿈을 품길 바랄게요.

입시 스트레스는
어떻게 하면 풀 수 있을까요?

"저는 공부에 대한 스트레스가 매우 심해요. 제가 목표한 대학교에 가야 한다는 강박으로 불면증, 우울증에 시달리고 있어요. 어떻게 하면 이런 스트레스를 해소할 수 있을까요?"

현대인 가운데 스트레스가 없는 사람은 아마 없을 거예요. 오죽하면 스트레스의 별명이 세 가지나 될까요? 첫째는 '무언의 살인자'라고 해요. 스트레스를 방치했다가 자칫 사람의 목숨을 잃게 될 수도 있기 때문이에요. 둘째는 '무언의 공격자'입니다. 나도 모르게 스트레스를 받아 다른 사람을 공격하는 사람이 될 수 있어요. 셋째는 '인생의 양념'입니다. 양념이 없으면 음식에 맛이 없듯, 인생에 스트레스가 전혀 없으면 그 역시 재미가 없는 인생이 될 수 있다는 뜻이라고 해요. 청소년기에는 공부와 학업 때문에 스트레스를 많이 받아요. 남들보다 더 좋은 대학교와 좋은 과에 들어가야 한다는 스트레스는 청소년 대부분이 느낄 거예요. 혹시 지금 질문을 한 친구가 공부와 입시에 관한 스트레스가 너무나도 크다면, 다음의 해결책을 제안할게요.

스트레스 해결법
① 하나님만을 믿고 의지하기

생각보다 많은 청소년이 스트레스 속에서도 하나님께 도움을 구하지 않고 있어요. 오히려 친구를 찾거나 핸드폰이나 인터넷으로 해결하려고 합니다. 그런데 모두 그때뿐이지, 스트레스는 해결되지 않아요. 기억하세요, 우리에게는 하나님이 계세요. 요한복음 14장 1절을 보면, 예수님은 근심 속에 있는 제자들에게 "하나님을 믿으라" 말씀하셨어요. 제자들의 심리 상태가 고도의 스트레스에 놓였는데, 이것을 이겨낼 방법이 바로 하나님을 믿는 거예요.

심리적으로 어려운 상태가 지속되어 불안하고 답답하고 초조할 때, 우리에게 필요한 것은 하나님 찾기, 곧 기도와 찬양과 말씀이에요. 하나님을 찾을 때야말로 스트레스에서 자유케 됩니다. 하나님은 자기를 찾는 사람을 가장 좋아하세요. 특히 문제를 가지고 나아오는 사람을 사랑하시며, 반드시 그 문제를 해결해 주세요. 스트레스 가운데 있다면, 가장 먼저 하나님을 믿고 하나님께 나아가세요. 그럴 때 세상이 줄 수 없는 놀라운 평안을 얻어요(요 14:27).

② 인생의 모든 길을 하나님께 맡기기

공부 때문에 스트레스를 받는 가장 큰 이유는 공부를 해도 성적이 잘 오르지 않기 때문일 거예요. 그렇게 노력을 들였는데도 불구하고 원하는 대학에 가기 쉽지 않아요. 보는 시험마다 점수는 낮게 나오고, 결국은 실패라는 타이틀을 얻게 될까 봐 많은 청소년이 스트레스 속에 있어요.

여기서 우리가 알아야 할 것은 때로 어떤 것은 노력으로도 불가능하다는 거예요. 한두 번이 아니라, 수십 번을 노력해도 안 되는 일들이 실제로 존재해요. 이것은 공부에만 해당하는 이야기가 아니에요. 정말 중요한 것은 지금 당장 입시에 실패한다고 해서, 그것이 인생의 실패를 의미하는 것은 결코 아니라는 사실이에요.

청소년기는 아직 인생을 정확히 모르는 시기입니다. 넓디넓은 인생의 길이 어떻게 전개될지 알 수 있는 청소년은 세상에 아무도 없어요. 그렇다면, 지금 이때 필요한 것은 내 인생을 하나님께 맡기는 거예요. 하나님은 그분의 자녀가 잘되기를 원하세요. 하나님은 자녀를 축복하는 분이세요. 그래서 하나님께 인생의 길을 맡기는 연습을 해야 해요.

하나님은 나의 실패까지 다 보고 계시며, 그 실패조차도 사용하실 수 있어요. 그래서 기도하면서 하나님께 인생의 길을 송두리째 맡기는 연습이 필요해요. "사람이 마음으로 자기의 길을 계획할지라도 그의 걸음을 인도하시는 이는 여호와시니라"(잠 16:9)라는 말씀을 기억하며 지금부터 인생의 모든 길을 하나님께 맡기고 오직 기도로 나아가도록 해요.

③ 공부의 목적을 하나님의 영광으로 삼기

우리가 왜 대학 입시의 실패를 두려워할까요? 인생 모든 것을 거기에 걸기 때문이에요. 입시의 성공으로 내가 꿈꾸던 기쁨을 누려야 하는데, 그게 안 되니까 엄청난 좌절에 빠지는 거죠. 대부분의 청소년과 부모님이 공부를 통한 성공이 인생의 전부라고 생각해요.

하지만 우리는 기억해야 해요. 하나님을 믿는 우리의 인생 목표는 내 성공이 아닌 하나님의 영광이라는 것을요. 오늘도 수학과 영어를 공부해야 하는 목적은 오직 하나님의 영광이어야 해요. 고린도전서 10장 31절을 보면 "그런즉 너희가 먹든지 마시든지 무엇을 하든지 다 하나님의 영광을 위하여 하라"라고 나와 있어요. 지금 하는 공부의 목표가 내 영광이 아닌 하나님의 영광이 될 때, 내 입시의 실패까지도 하나님의 영광이 될 수 있다는 뜻이에요.

하나님은 명문대 입시 성공을 통해서만 영광을 받으시는 분이 아니에요. 내 자리에서 최선을 다했다면, 그것으로 하나님은 이미 영광을 받으셨어요! 공부의 목표를 나의 성공이 아닌, 하나님의 영광으로 삼길 바랄게요.

Q8.

저는 공부를 싫어하는데, 부모님은 계속 공부를 강요하세요. 정말 공부 꼭 해야 하나요?

> "저는 공부를 싫어하고 또 못 하는 학생이에요. 그런데도 부모님은 계속 공부를 강요하세요. 학원도 가기 싫은데, 여러 군데를 억지로 다니고 있어요. 공부, 정말 꼭 해야만 하나요?"

    일반적으로 부모님들은 자녀가 공부를 잘하기 원할 거예요. 입신양명(立身揚名)이라는 말이 있듯 출세하고 세상에 이름을 알리기를 좋아하지요. 공부를 강요하는 부모님과 대화를 나누려면 먼저 그 이유를 정확히 하는 것이 필요해요. 보통 자녀가 공부를 잘하기 원하는 이유는 다음과 같아요. 공부를 잘하면 인생에서 흔히 말하는 '성공'의 확률이 높기 때문이에요. 우리 사회 구조상 공부를 잘하고 좋은 대학에 진학하면, 좋은 직장과 직업을 가질 확률이 올라가기 때문이에요. 자녀의 성공으로 부모님이 큰 자부심을 가질 수 있기 때문이

기도 해요. 못 이룬 꿈을 자녀들이 이뤄 주길 원하는 바람이 있어서 그렇기도 해요. 부모님은 공부를 충분히 하지 못해 사회적 자존감이 낮았는데, 자녀가 그 한을 풀어 주길 원하는 마음도 있을 수 있어요.

공부가 싫은 이유

저는 공부에도 '은사'라는 측면이 있다고 믿어요. '은사'는 하나님이 각 사람에게 주신 선물이에요. 영어로는 'talent'나 'gift'라는 단어를 사용해요. 하나님이 어떤 사람에게는 A라는 선물을 주시고, 어떤 사람에게는 B라는 선물을 주신다는 거예요. 때로는 비슷한 선물을 주실 때도 있지만 완전히 다른 선물을 주실 때도 있지요.

어떤 학생은 타고난 암기력과 집중력으로, 쉽게 공부를 잘하는 경우가 있어요. 반대로 어떤 학생은 책상에 앉아 있는 것 자체가 힘들고, 암기를 세상에서 가장 어려워 하는 경우도 있어요. 이 둘은 은사가 분명 달라요. 지금 고민을 털어놓은 학생이 공부에 대한 은사가 전혀 없는데 부모님이 무조건 공부만을 강요하신다면 공부하는 학생만 힘들고, 공부를 통해 성취를 이루기도 어려울 거예요.

그래서 만약 은사가 공부가 아니라면, 다른 은사를 정확히 발견하는 것이 필요해요. 하지만 여기서 생각해 봐야 할 점은 다른 은사를 찾는 일이 그리 쉬운 일은 아니라는 거예요. 많은 청소년이 내가 좋아하는 일과 은사를 혼동해요. 좋아하는 일이 무조건 은사는 아님을 알아야 해요. 한 가지 단편적인 예를 들면 아이돌 그룹이 많은 인기를 얻는 이 시대 속에서 노래하고 춤추기를 좋아하는 청소년을 많이 만나곤 해요. 대중의 인기를 얻는 아이돌 모습에 반해서 그 길을 걷기 원하는 청소년이 있어요. 여기서 중요한 것은, 그 학생에게 그만큼의 특기가 있느냐는 거예요.

은사의 세 가지 조건

만약 내가 생각하는 것이 은사라면, 최소 세 가지 조건을 충족해야 해요. 첫째는 내가 그것을 좋아해야 해요. 둘째는 주변 사람이 나의 재능이 거기에 있다는 것을 인정해야 해요. 셋째는 공신력 있는 대회나 기관을 통해서 결과물을 얻어야 해요. 공부가 아닌 다른 분야 쪽으로 진로를 원한다면 이 부분을 깊게 고려해야 한다고 생각해요. 지금 학생이 좋아하는 그 분야가 미래 직업이 될 수 있느냐는 거예요. 좋아하는 것이 취미라면 아무런 문제가 되지 않지만, 직업이라면 고민해야 할 것이 많겠지요.

제 주변에도 예체능을 전공하는 학생이 많이 있어요. 그중에는 우리나라 최고의 대학을 졸업한 학생도 있고요. 그런데 여전히 진로를 두고 심각하게 고민하는 모습을 볼 때 안타까운 마음이 들어요. 현재 우리나라 사회 구조 속에서 예체능으로 성공해서 안정적인 직업을 갖기에는 그 문이 너무나도 좁기 때문이에요. 이러한 현실적인 부분도 고민하면서 진로를 선택해야 해요.

내 인생의 미래는 오직 하나님께

인생의 미래는 오직 하나님께 달려 있어요. 미래가 어떻게 변화할지 아무도 정확히 예측하지 못해요. 그럼에도 불구하고 현실을 보는 안목은 필요해요. 지금 어떤 분야를 위해서 열심히 노력했지만 미래에 현실성이 없어 삶을 위해 또 다른 노력을 들여야 할 수도 있기 때문이에요.

공부에 은사가 없는 학생이 우리 주변에 많을 거예요. 정말 다행인 것은, 시대가 많이 바뀌었어요. 과거에는 암기 위주의 학습만으로 성과를 낼 수 있던 반면 이제는 다양한 옵션이 생겨났어요. 어느 한 분야에서 자신만의 특기를 개발하면 얼마든지 두각을 나타내고 직업을 가질 수 있지요. 때로는 공부만을 잘한 학생보다 훨씬 밝은 전망의 미래가 기다리기도 해요.

지금 청소년의 은사가 공부가 정말 아니라면, 빨리 자신의 길을 찾길 바라요. 이렇게 기도하면서 찾아보면 좋을 듯해요. "하나님, 제가 가장 잘할 수 있는 일, 저의 은사가 무엇인지 가르쳐 주세요. 그리고 그 길로 저를 인도해 주세요. 그 일을 통해서 하나님의 영광을 나타내며, 제 삶에서 큰 기쁨을 찾도록 도와주세요." 꼭 공부가 아니더라도 하나님이 예비하신 길이 있을 수 있어요. 충분히 기도한 다음에 부모님과도 깊은 대화를 나누면 좋을 것 같네요. 하나님의 인도하심이 있길 소망할게요.

Q9.

돈을 많이 벌어 부자가 되고 싶어요. 혹시 이런 제 생각이 잘못된 걸까요?

> "제 꿈은 부자가 되는 거예요. 크리스천 청소년으로서 돈을 많이 벌고 부자가 되기를 꿈꾸는 것은 이기적이거나 잘못된 생각일까요?"

종교를 떠나 대부분은 돈을 많이 벌고 소유하기를 원할 거예요. 그럴 때 누릴 수 있는 삶의 혜택이 많기 때문이지요. 과거 미국의 부자 중에서도 십일조를 많이 내고 교회 개척도 많이 해서 유명해진 분도 있어요.

부자가 되는 것, 다른 말로 '물질의 복'을 누리는 것은 나쁘거나 이상한 일이 아니에요. 부자가 되고 싶다고 다 될 수 있는 것도 아니고요. 사람이 부하게 되거나 가난하게 되는 것은 모두 하나님께 달려 있어요. 즉, 하나님 소관이라는 것을 알아야 해요.

가장 중요한 질문

부자 되기에 앞서서 가장 중요한 질문은 '왜 부자가 되길 원할까?' 입니다. 그냥 많은 돈을 벌어서 잘 먹고 잘살고 행복하길 원한다면, 세상의 가치관 속에 사는 사람의 모습이에요. 하나님과 아무런 상관없는 삶의 모습이죠. 이런 부자는 하나님이 원하시는 모습이 아니에요. 오래전에 이랜드 그룹 박성수 회장의 강연을 들은 적이 있어요. 당시 박 회장은 돈이 많이 필요하고 지금보다 더 부자가 되어야 한다고 했어요. 그 이유는 그만큼 쓸 곳이 많기 때문이라고 하면서요. 자신을 위해 쓰는 것이 아니라 세상에 환원하고 하나님 나라를 건설해야 할 프로젝트 때문이에요. 따라서 이 질문을 한 청소년은 내가 왜 부자가 되어야 하는지 곰곰이 생각해야 해요. 내가 부자 되는 것이 하나님의 영광과 어떠한 상관관계가 있는지 먼저 생각해 보도록 해요. 단지 많은 돈을 버는 부자를 소망한다면 엄청난 위험성이 도사리고 있음을 알아야 해요.

디모데전서 6장 10절을 보면 "돈을 사랑함이 일만 악의 뿌리가 되나니 이것을 탐내는 자들은 미혹을 받아 믿음에서 떠나 많은 근심으로써 자기를 찔렀도다"라고 해요. 성경에서 돈 자체를 문제로 삼은 말씀은 없어요. 하지만 돈을 사랑할 때, 일만 악의 뿌리가 된다고 말하고 있어요. 지금 세상에서 일어나는 범죄를 보세요. 돈과 연관된 것이 너무나도 많아요. 때로는 사람들끼리 칼부림이 나요. 거액의 보험금을 노리고 가족을 잔인하게 죽이기도 해요. 돈 앞에 장사가 없어요. 마태복음 6장 24절을 자세히 보세요. "한 사람이 두 주인을 섬기지 못할 것이니 혹 이를 미워하고 저를 사랑하거나 혹 이를 중히 여기고 저를 경히 여김이라 너희가 하나님과 재물을 겸하여 섬기지 못하느니라." 성경은 우리가 두 주인을 섬길 수 없다고 해요. 그 '주인'이란 하나님과 재물 즉, 하나님과 돈이에요. 영어 성경에 보면 '돈의 신 맘몬'으로 기록된 곳도 있어요. 성경은 그냥 돈이라고 말하지 않고 '돈의 신'이 있다고 말해요.

21세기의 가장 큰 우상은 돈이에요. 많은 사람이 돈을 신으로 섬겨요. 그래서 돈을 좋아하다가 믿음이 떨어진 경우가 너무나도 많아요. 세계 역사를 살펴보면 하나님을 잘 믿다가도 그 나라가 부해지면서 기독교 인구가 급락하는 경우가 많았어요. 1인당 국민 소득이 3만 달러가 넘을 때, 기독교 신앙을 지키는 경우가 별로 없었어요. 왜 그럴까요? 돈을 신으로 섬기기 때문이에요.

자족하는 마음

우리는 아굴의 기도를 기억해야 해요. 잠언을 보면 아굴은 두 가지를 하나님께 구해요. "곧 헛된 것과 거짓말을 내게서 멀리 하옵시며 나를 가난하게도 마옵시고 부하게도 마옵시고 오직 필요한 양식으로 나를 먹이시옵소서 혹 내가 배불러서 하나님을 모른다 여호와가 누구냐 할까 하오며 혹 내가 가난하여 도둑질하고 내 하나님의 이름을 욕되게 할까 두려워함이니이다"(잠 30:8-9).

아굴은 가난하지도 않게 또 부하지도 않게 해 달라고 기도했어요. 이는 아굴이 죽기 전에 반드시 응답받고 싶어 했던 중요한 기도예요. 가난해서 남의 것을 도둑질하거나 하나님의 영광을 가리게 되지는 않을까 염려했고, 부자가 되어 하나님을 모른다고 할까 두려워한 아굴의 모습에서 우리는 교훈을 삼아야 해요. 아굴의 목표는 오직 필요한 양식만 가지는 삶이었어요.

주님도 주기도문에서 우리에게 '일용할 양식'을 구하라고 가르쳐 주셨어요. 즉, 그날 필요한 양식만 구하라고 하셨어요. 부자가 되는 것이 나쁜 일은 결코 아니에요. 하지만 돈이 필요할 때는 그 목적이 분명해야 해요. 하나님이 왜 내게 많은 돈을 맡겨 주셔야 하는지에 대한 정확한 이유가 필요해요. 많은 돈이 무조건 우리에게 유익만을 주지 않는다는 것도 알아야 해요.

잠언 17장 1절을 보면 "마른 떡 한 조각만 있고도 화목하는 것이 제육이 집에 가득하고도 다투는 것보다 나으니라"라고 나와 있어요. 때로는 가난이 부함보다 하나님 보시기에 훨씬 좋은 삶이 될 수 있다는 뜻이에요. 이런 이유에서 바울은 만족하는 삶인 '자족'을 설명했어요. 이처럼 성경은 단순히 부자 되는 것을 강조하기보다는 '자족'의 삶을 강조했음을 기억하길 바랄게요.

자살하면 정말로 지옥 가나요? 자살하면 안 되는 이유를 알고 싶어요.

> "그러면 안 되는 건 알지만 가끔 제 앞에 닥친 상황이 너무 힘겹다고 느낄 때 자살에 대한 생각이 불쑥 찾아올 때가 있어요. 또 그런 충동이 든다고 털어놓는 친구에게는 무어라 말해 주면 좋을까요? 그리고 자살하면 정말 지옥에 가나요?"

중세 시대의 교회에서는 자살하면 지옥에 간다는 이야기를 공공연하게 했다고 해요. 심지어 스스로 삶을 마감한 사람은 교회 묘지에 안치될 수도 없었어요. 이러한 사상이 지금의 교회까지 연결되어 자살하면 무조건 지옥에 간다는 의식이 상당히 강함을 알 수 있어요. 과연 자살하면 무조건 지옥에 갈까요?

먼저 생각해 봐야 할 점은 자살에는 다양한 유형이 있다는 거예요. 첫째로 질병에 의한 자살이 있어요. 우울증이나 조현병이 여기에 해당해요. 특히 조현병 환자의 5-10%는 자살로 생을 마감한다고 해요. 이 경우 자신이 왜 스스로 목숨을 끊는지 이유도 모를 수 있어요. 둘째로 채무나 협박에 의한 자살이에요. 사채를 빌렸다가 기한 내에 돈을 갚지 못할 때 협박을 당하는데, 그 협박이 너무 무서워서 목숨을 끊는 경우도 있다고 해요. 셋째로 대의를 위한 자살이 있어요. 전쟁 중에 포로로 잡히면 자국에 불이익을 끼칠 수 있어서 국가를 위해 목숨을 끊는 경우예요. 또는 적군과 자폭 테러를 하는 경우도 여기에 해당할 수 있어요. 넷째로는 개인적 판단에 의한 자살이에요. 아마도 가장 일반적인 유형일 거예요. 스스로 생각할 때 삶이 너무 고되고 힘들어서 그 고통을 없애기 위해 선택한 경우예요.

성경은 자살을 어떻게 말할까?

세상의 모든 자살을 같은 시선으로 보기보다는 이렇게 다양한 관점에서 볼 필요가 있을 듯해요. 중요한 것은 성경에서 자살에 대해 어떻게 말하느냐는 점이에요.

성경에 보면, 총 6번의 자살이 등장해요. 삼손(삿 16:23-30), 사울과 그의 부하(삼상 31:1-6; 대상 10:4-5), 아히도벨(삼하 17:23), 시므리(왕상 16:18-19), 가룟 유다(마 27:3-10)인데요. 삼손은 원수인 블레셋을 무너뜨리기 위한 죽음으로 조금 다르지만, 나머지 다섯 사람의 경우 성경은 모두 부정적으로 서술해요. 이렇듯 성경 전체를 볼 때 자살은 심각한 죄임을 알 수 있어요. 그 이유에 대해서 조금 더 살펴보도록 할게요.

① 하나님 주권에 대한 도전이기 때문에

성경은 모든 생명의 주인은 하나님이시라고 말해요. 낙태에 대해 찬성하는 입장은 낙태가 여성의 자기 결정권이라고 해요. 하지만 이것은 철저히 비성경적인 주장이에요. 생명은 모두가 하나님의 것이에요. 뱃속에서 갓 시작된 생명부터, 호스피스 병동에 있는 생명까지 다 하나님의 소유입니다. 따라서 자살로 내 생명을 포기하는 것은 하나님의 주권에 거역하는 행위라고 할 수 있어요.

② 자살은 살인이기 때문에

하나님은 생명을 가장 소중하게 여기셨고, 이 땅에서 생명이 생육하고 번성하기를 원하셨어요. 생명을 죽이는 것은 십계명에서 말하는 살인죄에 해당해요. 요한일서 3장 15절에 의하면 "살인하는 자마다 영생이 그 속에 거하지 아니하는 것을 너희가 아는 바라"라고까지 말하고 있어요.

③ 마지막 회개를 할 수 없기 때문에

사람은 누구나 잘못을 저지를 수 있는데, 감사하게도 우리에게는 늘 회개의 기회가 있어요. 회개는 하나님이 죄인인 우리에게 주신 특별한 은혜예요. 그런데 자살로 삶을 마감한다면 회개의 마지막 기회를 상실하고 말아요. 하나님은 마지막까지 한 사람이라도 더 회개하고 돌이키길 원하세요. 이렇게 볼 때 자살은 하나님의 뜻과는 완전히 반대임을 알 수 있어요. 자살은 분명 죄고, 큰 죄라는 것을 알 수 있지요.

자살을 생각한 적 있는 친구에게

보통 자살의 가장 큰 이유는 현재의 고통이 너무나도 크기 때문일 거예요. 그래서 도피처로 선택하는 것이 자살이에요. 하지만 이 모든 것은 사탄의 계략이에요. 사람은 죽는다고 해서 완전히 없어지거나 사라지지 않아요. 우리에게는 영원히 사라지지 않는 영혼이 있어요. 죽음 이후에는 심판이 기다리고요. 자살로 인생을 마무리함으로 고통이 영원히 사라지기를 바라고 극단적인 선택을 하지만, 그 이후로 사람에게는 심판이 기다리고 있음을 알아야 해요.

죽음 이후에 그 영혼이 천국에 갈지, 지옥에 갈지는 하나님만 아시는 부분이에요. 하지만 하나님의 주권을 인정하지 않고 생명을 소중하게 여기지 않았다는 것 자체가 이미 엄청난 죄라는 사실을 꼭 기억하면 좋겠어요.

여러분 주변에 여러 가지 이유로 힘들고 어려운 친구가 많을 거예요. 먼저는 그 친구들의 마음을 헤아려 주고 나쁜 생각을 품지 않도록 도우면 좋겠어요. 그리고 자살이 고통을 없애는 해결책이 아니라는 사실도 친구에게 들려주면 좋겠어요. 하나님이 우리에게 주신 하나뿐인 생명은 세상 무엇과 바꿀 수 없는 가장 귀한 것이라는 사실을 기억하길 바랄게요.

천국과 지옥은 정말로 존재할까요?

"사람이 죽으면 천국 아니면 지옥에 간다고 하잖아요? 천국과 지옥을 본 사람이 없는데 어떻게 그 존재를 알 수 있나요?"

사람들은 어떠한 것을 믿을 때 두 가지 경로를 거쳐요. 첫째는 직접 경험을 통해서 믿어요. 자신이 경험한 것이면 사실로 취급하고, 경험하지 않은 것은 사실로 취급하지 않는 경향이 있어요. 저는 일곱 살 때 비행기를 처음 탔어요. 당시 시골 초등학교에서 비행기를 타 본 사람은 저 빼고는 아무도 없었어요. 그래서 제가 비행기 이야기를 꺼냈을 때, 친구들은 아무도 믿지 않았어요. 하늘에 뜬 비행기 자체를 본 경험이 없기 때문이에요. 제가 비행기를 탄 건 사실이지만 친구들은 같은 경험이 없으니 믿지 않은 거죠. 마찬가지로 이 질문을 준 친구가 천국이나 지옥에 대한 경험이 없기에 믿기 어려울 수 있어요.

두 번째로 사람들이 믿는 방법은 간접 경험을 통해서입니다. 다른 말로 하면, 증거 자료가 있을 때 믿어요. 우리는 삼국 시대가 있었다는 것을 믿어요. 사료가 있고 유물이 있기 때문이에요. 심지어 직접 본 적은 한 번도 없지만 아프리카에 평균 키 150㎝가 안 되는 피그미족이 사는 것을 믿고, 지구에서 멀리 떨어진 화성까지 탐사선을 보낸 것을 믿어요. 영상과 사진을 통해서 사실 확인을 한 거지요.

증거를 찾아라!

천국과 지옥에 대한 증거 자료가 꽤 많아요. 먼저 천국과 지옥의 존재를 '직접 경험'을 토대로 설명해 볼게요. 크리스천 중에 사후 세계를 경험한 사람이 생각보다 많아요. 코마 상태나 의학적으로 완전한 죽음의 상태를 겪고 살아 나온 사람도 있어요. 이들은 그 죽음의 시간 동안 천국과 지옥을 분명히 체험했다고 간증해요. 기독교 역사를 보면 이러한 경험을 한 사람은 무척 많아요. 때로는 꿈이나 환상을 통해 천국과 지옥을 생생하게 본 사람도 많아요. 물론 개인의 경험을 일반화하는 것은 다소 무리가 있을 수도 있어요.

하지만 이런 직접 경험의 경우가 성경에도 등장해요. 누가복음 16장 19-31절을 보면, 죽어서 지옥(음부)에 간 부자와 천국(아브라함의 품)에 간 나사로가 나와요. 예수님의 비유 설교 중에 나온 스토리인데요. 예수님은 일반 비유에서는 실명을 사용한 적이 한 번도 없으셨지만 부자와 나사로 이야기에만 실명이 등장해요. 그래서 학자들 사이에서 이 내용은 예수님 당시 실제 일어난 이야기라는 견해도 있어요. 상당히 일리 있는 주장이에요.

천국에 대한 분명한 경험을 한 사람이 성경에 또 등장해요. 사도 바울은 고린도후서 12장에서 분명하게 자신이 14년 전에 셋째 하늘(삼층천)에 다녀온 적이 있다고 고백하고, 그가 경험한 낙원은 말로 표현할 수 없다고까지 설명해요. 성경의 저자 바울이 천국을 직접 보고 왔으니, 그 고백은 틀릴 수 없을 거예요. 중요한 것은 우리 주변에 지금도 천국과 지옥을 직접 경험한 사람이 늘 존재한다는 거예요. 이것이 천국과 지옥에 대한 직접적 증거입니다.

두 번째로 '간접 경험', 즉 천국과 지옥의 객관적 증거에 대해서 말씀을 드릴게요. 이 객관적 증거는 성경의 기술인데, 무려 천국의 존재를 말하는 구절이 37구절이나 되죠. 예수님은 누가복음 23장 43절에서 십자가상의 강도에게 "오늘 네가 나와 함께 낙원에 있으리라"라고 하시며, 죽음 이후에 강도가 예수님과 함께 천국에 이를 것을 말씀하셨어요. 요한계시록 2장 7절에 의하면, 낙원은 하나님의 생명나무가 있는 곳이에요. 요한계시록 22장 1-3절에 의하면 하나님의 생명나무가 있는 낙원에 하나님과 어린양 예수님의 보좌도 거하신다고 말해요. 요한계시록 4장을 보면, 사도 요한은 천국의 모습을 직접 보았다고 해요. 그가 묘사한 천국의 모습을 보면 다음과 같아요. "하늘에 보좌를 베풀었고 그 보좌 위에 앉으신 이가 있는데 앉으신 이의 모양이 벽옥과 홍보석 같고 또 무지개가 있어 보좌에 둘렸는데 그 모양이 녹보석 같더라 또 보좌에 둘려 이십사 보좌들이 있고 그 보좌들 위에 이십사 장로들이 흰 옷을 입고 머리에 금관을 쓰고 앉았더라 보좌로부터 번개와 음성과 우렛소리가 나고 보좌 앞에 켠 등불 일곱이 있으니 이는 하나님의 일곱 영이라 보좌 앞에 수정과 같은 유리 바다가 있고 보좌 가운데와 보좌 주위에 네 생물이 있는데 앞뒤에 눈들이 가득하더라"(계 4:2-6).

성경 속 표현을 찾아라!

또한 성경 속에서 지옥에 대한 내용과 표현이 자주 반복되는 걸 알 수 있어요. 먼저 구약을 보면, '스올'이라는 단어가 지옥을 뜻하는 단어입니다. 보통 '음부'로 해석되는데 원래 의미는 구덩이, 깊은 수렁, 보이지 않는 세계라는 뜻이에요. '게헨나'라는 단어가 지옥으로 11번이나 번역되었는데, 꺼지지 않는 불이 있는 곳이라는 뜻으로 최후의 심판 때 불 못이 될 곳을 뜻하는 단어입니다. 신약에 보면 예수님은 지옥을 '영원한 불'이라고 하셨어요(마 18:8).

이렇듯 성경은 천국과 지옥의 존재를 분명하게 말해요. 한두 번이 아닌 수차례 반복해서 언급한다는 것은 그곳이 반드시 존재한다는 뜻이고, 더 나아가 천국과 지옥의 존재가 우리에게 매우 중요한 의미임을 전하고 있어요.

아무리 착하고 훌륭한 사람이라도 예수님을 믿지 않으면 다 지옥 가나요?

"주변에 보면 정말 착하고 선하게 사는 사람이 있잖아요. 그 사람들도 예수님을 믿지 않으면 예외 없이 다 지옥에 가나요?"

효와 선을 강조하는 우리나라 사람들의 세계관 속에서 선한 사람은 천국에 가고 나쁜 사람은 지옥에 가야 한다고 생각해요. 그런데 교회에서는 아무리 착해도 예수님을 모르면 지옥에 간다고 하니, 이것이 우리나라 전통의 세계관과 충돌하는 거죠.

우리가 먼저 생각해야 할 점은 '선'에 대한 개념이에요. 세상에서 말하는 선이라는 개념은 국가마다 다르고, 시대마다 달라요. 악의 개념도 끊임없이 변화해요. 일례로 영국에서는 1950년대만 하더라도 동성애를 악으로 치부하여 감옥에 넣거나 화학적 거세를 시키기도 했어요. 지금은 양상이 완전히 뒤바뀌어, 영국에서 동성애자를 다르게 대하면 형사 처벌을 받아요. 또 우리나라는 배우자 이외의 사람과 성관계를 맺는 것 즉, 간통을 죄로 보지 않고 있어요. 반면 인도네시아의 경우에는 부부 관계를 제외하고 성관계를 맺으면, 징역형을 선고해요.

선과 악의 기준이 뭘까?

사람들의 생각 속에는 절대 선이라는 것이 없고, 늘 선과 악의 개념이 바뀌고 있어요. 그렇게 볼 때, 착한 사람이 천국에 가야 한다는 개념 자체가 상당히 모호할 수 있어요. '과연 무엇이 착한 것이고, 어느 정도가 진짜 착한 것일까?'라는 생각이 먼저 우리에게 찾아와요. 그래서 사람의 기준에 의한 선행으로 천국을 간다는 생각 자체가 이미 모순이에요. 선의 완벽한 기준이 이 세상에 없기 때문이에요. 이 모든 것을 아신 주님은 "하나님 한 분 외에는 선한 이가 없느니라"(막 10:18)라고 분명히 말씀하셨어요. 이 세상 어디에도 절대 선은 없다는 뜻이에요. 선의 절대 기준은 선하신 하나님 한 분이세요. 따라서 하나님만이 선과 악을 정의하실 수 있어요.

하나님만이 기준

사람의 사후를 결정하는 기준은 하나님만 가지고 계세요. 하나님만이 천국과 지옥에 대한 기준을 내리실 수 있어요. 성경은 어떠한 사람이 천국에 갈 수 있다고 말할까요? 로마서 3장 23절에서는 "모든 사람이 죄를 범하였으매 하나님의 영광에 이르지 못하더니"라고 해요. 또한 로마서 3장 10절에서는 "의인은 없나니 하나도 없으며"라고 말해요. 세상에 선한 사람은 어디에도 존재하지 않는다고 해요. 아무리 천사처럼 착한 사람이라도 죄를 짓지 않은 사람은 없다고 단언하고 있어요. 하나님 기준에서는 선행으로 천국에 갈 수 있는 사람은 세상에 한 명도 없다고 말해요.

또한 이 땅에서 좋은 일을 많이 한다고 천국에 가는 것도 불가능해요. 에베소서 2장 8-9절을 보면, 천국에 이를 수 있는 구원은 하나님이 우리에게 주신 선물이지, 행위에서 난 것이 아니라고 분명하게 말해요. 이 땅에 사는 모두는 우리가 지은 죄로 인한 값을 치러야 해요. 로마서 6장 23절은 "죄의 삯은 사망"이라고 말해요. 세상 모든 사람은 죄인이고, 그로 인해 우리는 죽음을 겪어야 해요. 다른 말로 하면, 세상 모든 사람은 다 죄인이기에 그 죄 때문에 지옥에 가야 한다는 뜻이에요.

죄의 문제를 해결하지 않으면 다 지옥으로 가야 해요. 누구나 죄에 대한 값을 치러야 해요. 그런데 사랑이 많으신 하나님은 우리가 지옥에 가는 것을 원치 않으셔서 하나밖에 없는 자신의 독생자 예수님을 이 땅에 보내 주세요. 요한복음 3장 16절은 이렇게 말해요. "하나님이 세상을 이처럼 사랑하사 독생자를 주셨으니 이는 그를 믿는 자마다 멸망하지 않고 영생을 얻게 하려 하심이라."

예수님이 우리를 위해 십자에서 죽으셨다는 사실을 믿기만 하면 우리 모든 죄가 없어져요. 로마서 3장 24절은 분명히 이렇게 말해요. "그리스도 예수 안에 있는 속량으로 말미암아 하나님의 은혜로 값없이 의롭다 하심을 얻은 자 되었느니라"라고요. 예수님을 믿는 사람은 죄의 문제를 해결받았기 때문에 천국을 선물로 받아요.

천국은 착하다고 가는 것이 아니에요. 하나님이 허락하시는 사람만이 갈 수 있어요. 모든 결정은 하나님이 하세요. 하나님은 예수 그리스도를 믿는 믿음이 있는 사람을 천국으로 보내세요. 반대로 아무리 선한 행위를 많이 한다 해도, 하나님의 아들 예수님을 믿지 않으면 지옥으로 가게 된다는 것을 기억하세요.

얼마 전 집에서 키우던 반려견이 죽었어요. 동물도 천국에 갈 수 있나요?

"집에서 오랜 시간 식구처럼 지내던 반려견이 얼마 전에 죽었어요. 반려동물은 죽으면 어떻게 되나요? 사람처럼 천국이나 지옥으로 가나요? 저희 반려견도 천국에 갈 수 있을까요?"

요즘은 반려견도 가족처럼 생각하는 사람이 많이 있어요. 아프면 병원에 데려가고 수술도 받게 해요. 반려동물이 죽으면 전용 화장터로 보내고, 장례식을 치러 주기도 해요. 수년 동안 가족처럼 지낸 반려견의 죽음은 정말 많이 슬플 거예요. 성경은 사람이 죽으면 분명히 천국 또는 지옥에 간다고 말해요. 그렇다면 우리가 그토록 사랑했던 동물이 죽으면 어떻게 될까요?

어떤 존재가 죽은 후 천국에 가려면, 영혼이 있어야 해요. 성경에 동물의 영혼을 묘사하는 구절이 전도서 3장 21절에 있어요. "인생들의 혼은 위로 올라가고 짐승의 혼은 아래 곧 땅으로 내려가는 줄을 누가 알랴." 이 말은 사람이 죽으면 그 영혼은 하나님께로 올라가고, 동물의 영혼은 땅속으로 들어간다는 뜻이에요. 즉, 동물은 죽는 그 순간에 혼이 소멸해서 없어진다는 말이에요. 이 구절을 조금 더 정확하게 표현하자면 사람에게 있는 영혼이 동물에게는 없다는 의미지요.

사람과 동물의 차이

동물과 사람의 차이는 각각 그것이 어떻게 만들어졌는지를 보면 쉽게 알 수 있어요. 사람의 창조를 보면 창세기 2장 7절에 이렇게 나와요. "여호와 하나님이 땅의 흙으로 사람을 지으시고 생기를 그 코에 불어 넣으시니 사람이 생령이 되니라." 하나님이 사람을 흙으로 빚어 만드시고 생기를 불어넣어 주심으로 사람에게 영혼이 생긴 거예요. 따라서 사람은 영혼이 있는 영적인 존재로 살아가요. 사람의 몸과 영혼은 뗄 수 없는 관계가 됩니다. 몸만 아픈 것이 아니라 영혼이 아플 수도 있고요. 사탄이나 악한 것으로부터 영혼이 공격을 받아 상처를 입기도 해요. 반대로 영혼이 잘되는 축복이 임할 수도 있어요. 사람은 죽는 그 순간에 육체와 영혼이 분리됩니다. 육체는 흙으로 돌아가 썩어 없어지지만 영혼은 결코 없어지지 않아요. 주님이 다시 재림하시는 그날 우리의 육체가 부활하고 영혼과 하나가 된 다음에, 새 하늘과 새 땅에 들어갈 수 있어요.

그런데 성경 어디에도 하나님이 동물에게 생기를 불어넣어 주셨다는 구절은 없어요. 집에서 반려견을 키우는 분들은 좀 의아하게 생각할 수도 있어요. 때로는 반려견의 모습 속에서 사람보다 나은 감정을 발견할 때도 있기 때문이지요. 집에서 다른 식구들은 나를 본체만체하고 반겨 주지 않지만, 유독 우리 집 강아지는 나를 반겨 줄 때가 있어요. 때로는 내가 기분이 좋지 않을 때, 그 상황도 눈치를 채고 알아서 행동하기도 해요. 강아지도 화가 나면 화가 난다고 표현하고, 배가 고프면 자신의 식욕에 대한 의사 표현을 분명하게 해요. 침팬지의 지능은 어린이와 비슷한 수준이기도 하고요. 그들에게도 모성애가 있고, 때로는 상대방에게 보복하는 모습도 볼 수 있어요.

감정과 영혼

우리가 구별해야 할 것은 감정인 영역과 영적인 영역의 차이입니다. 하나님은 동물에게 감정의 영역을 허락하셨지만, 사람이 가지고 있는 영혼은 주지 않으셨어요. 그래서 동물은 사람처럼 도덕적인 죄를 짓지 않고, 그에 따른 심판도 없어요. 반대로 사람처럼 의로운 행위를 할 수 없고, 그에 따른 보상도 없어요.

영혼이 없는 존재에게는 부활 또한 없어요. 평생을 가족처럼 여기면서 지낸 반려견일지라도 죽는 순간 그 존재는 소멸하는 거예요. 영혼이 없기에, 동물은 지옥도 가지 않고 천국도 가지 않게 됩니다.

성경 어디에도 하나님이 동물을 위해 사후 세계를 준비해 놓으셨다는 말씀 역시 없어요.

늑대와 어린양이 함께

그런데 놀라운 것은 천국에도 동물이 존재한다고 하세요. 이사야 11장을 보면, 예수님의 재림과 함께 우리가 경험할 천국에 동물들이 분명 존재할 것이라는 말씀이 나와요. 비록 이 세상에 살던 동물들이 부활하지는 않지만, 하나님은 다시 한번 동물을 창조하세요. 이 땅에서는 동물 세계 안에 약육강식의 법칙이 있지만, 천국에는 더 이상 약육강식이 존재하지 않아요. 늑대와 어린양이 함께 살고, 표범과 어린 염소가 함께 눕고, 송아지와 어린 사자가 공생하는 새로운 세상이 그곳에 있음을 기억하세요.

꼭 교회에 다녀야 구원받나요?
그냥 혼자 예수님 믿으면 안 되나요?

> "가끔 교회를 빠질 때가 있어요. 때로는 교회 가기 싫을 때도 있고요. 꼭 교회 다녀야 구원받나요? 그냥 마음속으로 혼자 예수님 믿으면서 신앙생활 해도 괜찮을 것 같은데요. 제 생각에 문제가 있나요?"

어릴 때는 부모님을 따라 교회에 잘 다녔는데 어느 순간 '내가 왜 꼭 매 주일마다 교회에 가야 하나?'라는 생각이 찾아오는 시간이 한 번쯤 있을 거예요. 성경을 봐도 교회에 가야만 구원을 받는다고 말한 적도 없는 것 같기에, 정말 가기 싫은 교회를 매주 가야 하나 하는 생각이 들 수 있어요. 또 교회 다니는 것이 나에게 별로 유익이 없다고 생각할 수 있고요. 나 혼자서도 예수님을 믿고 예배하는 일은 얼마든지 잘 할 수 있다는 마음이 들기도 할 텐데, 이에 대해 함께 이야기 나눠 보도록 해요.

주님이 세우신 교회

우선, 구원은 꼭 교회에 가야 얻는 것은 아니에요. 로마서 10장 9-10절에 의하면, 입술로 예수님을 '주'로 시인하고, 하나님이 예수님을 죽은 자 가운데 살리신 것을 믿으면 구원을 얻는다고 분명히 말해요. 우리나라 기독교 역사를 보면, 선교사님에 의해 복음을 접하게 되었어요. 어떤 사람이 이렇게 복음을 듣고 예수님을 나의 구주로 확실히 영접한 신앙이 생겼는데, 그 지역에 교회가 없는 경우가 발생할 수 있죠. 이 경우에, 그 사람은 홀로 집에서 예배를 드리면서 신앙을 잘 지키기도 했어요. 그렇다면 '교회 다니지 않으면서, 혼자 예수님을 믿어도 괜찮을까?'라는 질문이 만들어져요. 내가 믿는 예수님은 참 좋은데, 교회 사람들이 불편하고, 교회가 싫은 경우도 있어요. 교회 역사를 보면 여러 가지 이유로 교회의 존재를 부인하고, 교회 없는 신앙생활을 추구하는 무리가 있었어요. 그들을 무교회주의자라고 불러요. 그런데 이들은 성경을 정확하게 이해하지 못하고 신앙생활을 한 거예요.

먼저 알아야 할 것은, 주님이 우리를 특별히 사랑하셨기에 교회를 직접 세워 주셨다는 거예요. 교회만큼 주님의 사랑이 가득한 곳이 없어요. 얼마나 특별하게 세우셨냐면, 하나님의 피로 교회를 사셨다고 성경은 말해요(행 20:28). 예수님이 십자가에서 피 흘려 돌아가심으로 세우신 것이 이 땅의 교회입니다. 그래서 '성도'라면 반드시 교회에 소속되어야 해요. 달걀이 암탉 품 안에 있을 때 안전하고 부화할 수 있듯, 성도는 교회라는 주님 품 안에 있어야 안전하고 온전해져요.

에베소서 1장 23절에 의하면, 교회는 그리스도의 몸이고 우리는 그 몸의 부분에 해당해요. 사람 몸을 구성할 때, 그 안에 손과 발과 눈과 코와 입 등의 다양한 부분이 있는 것처럼, 교회는 여러 다양한 성도를 통해서 만들어져요. 신체의 부분 가운데 필요 없는 것이 하나도 없듯, 성도는 모두 교회에 필요한 부분이에요. 어린이, 청소년, 청년, 장년에 이르기까지 누구나 교회 안에 있어야 해요. 예수님이 이 땅에 교회를 세우신 이유는 우리를 사용하셔서 하나님의 뜻을 이 땅에서 이루시기 위함이에요. 나 혼자만 믿음 생활 잘하면 문제가 없다는 생각은 성경에 기반한 생각이 아니에요. 주님의 지상 명령처럼 우리는 반드시 복음을 증거해야 해요. 이 복음의 증거 사역은 교회를 통해서 이룰 수 있어요.

그리스도의 장성한 분량까지

아직도 어떤 사람들은 혼자서도 얼마든지 믿음 생활을 잘할 수 있다고 주장해요. 하지만 이것은 매우 큰 교만이에요. 코로나 기간에, 교회당에 나오지 않고 혼자 집에서 예배를 드려 본 경험이 있을 거예요. 교회에서 함께 예배를 드리는 것과 집에서 예배를 드리는 것은 마음가짐부터가 다르고, 은혜를 경험하는 수준도 다를 수밖에 없어요. 우리 각자는 성냥개비와 같아요. 성냥개비 1개에 불을 붙이면

1분도 버티지 못하고 꺼지지만 성냥개비 100개, 200개를 모아 놓으면, 오랜 시간 불이 지속됩니다. 믿음이라는 불이 홀로 있을 때는 금방 꺼지지만, 교회 공동체가 있을 때는 지속될 수 있어요.

예수님은 교회를 소중히 여기시며 성도들이 교회에 모여서 어떻게 행동해야 할지 그 지침까지도 다 가르쳐 주셨어요. 에베소서 4장 11-13절을 보면, 교회 안에서 어떠한 행동을 해야 할지를 말해 주고 있어요. 우리의 신앙생활은 그냥 예수님만 믿으면 된다는 그런 단순 논리로 접근해서는 안 돼요.

무엇보다도 신앙은 자라야 해요. 성장이라는 목표를 향해서 나가야 해요. 가정에서 부모가 자녀를 낳기만 하고 아무런 돌봄을 제공하지 않으면, 그 아이는 온전하게 자라지 못할 거예요. 믿음에서 중요한 것은 자라는 것인데, 그냥 자라는 법은 없어요. 믿음은 꼭 교회를 통해서 자라기 마련이에요. 이와 같은 이유로 우리에게는 교회가 필요하고, 신앙생활은 반드시 교회 안에서 해야 한답니다.

교회에서 마음에 드는 친구가 있는데, 사귀어도 될까요?

"요즘 교회에 가면 자꾸 눈에 들어오는 이성이 있어요. 마음에 드는 그 친구에게 학교에서처럼 다가가서 고백해도 될까요? 교회라서 주저하게 됩니다."

청소년기에 이성을 향한 특별한 마음이 생기는 것은 지극히 자연스러운 일이에요. 신체적으로나 정신적으로 건강하다는 증거이기도 해요. 교회 안에서 특정 이성에 대해 특별한 감정이 생긴 것은 아무런 문제가 되지 않아요. 그렇지만 먼저 몇 가지를 고민해 보고 준비하면서 이성 친구에게 다가가면 좋겠어요.

크리스천은 세상과 다른 방식으로 살아야 하고, 이성교제도 다른 방식으로 해야 해요. 세상은 '쉽고, 빠르고, 단순한' 인스턴트 문화가 너무나도 강해요. 요즘은 카카오톡 메시지 하나로도 사귄다고 하죠. 헤어지는 것도 메시지로 통보하면 되니 매우 쉽고요. 한 중학교 1학년 친구는 1년에만 7번, 이성 친구가 바뀌었다고 해요. 하나님 없이 사는 사람들은 쉽게 사귀고 쉽게 헤어지지만, 하나님의 자녀인 우리는 다르게 살아야겠지요.

이성 친구를 사귀기 전 체크해야 할 것들

따라서 이성 친구를 사귈 때는 꼭 이러한 점들을 체크하고 사귀면 좋겠어요.

① 나는 지금 누군가를 사귈 준비가 되었을까?

청소년기에 많은 학생이 이성 친구를 사귑니다. 다른 친구들은 다들 이성 친구가 있는데, 나만 없다면 무언가 문제처럼 보이기도 할 거예요. '모태 솔로'라는 말을 매우 부정적인 단어로 느끼는 청소년도 많아요. 그냥 남이 사귀니까 나도 사귀어야 한다는 것은 아직 준비가 되지 않았다는 방증이에요. 준비 없이 이성을 사귀면, 그 관계가 특별하지 않을 수 있어요. 자칫 상처를 남기거나 다른 문제를 야기할 수도 있고요. 이성 친구는 반드시 준비가 되었을 때 사귀는 것이 좋아요. 그렇다면 어떠한 준비가 필요할까요? 가장 중요한 것은 자신에 대한 성숙이에요. 중학교 1학년인지 고등학교 3학년인지, 나이가 중요한 것이 아니라 성숙도가 중요해요. 나 자신을 조절할 줄 알고, 남을 충분히 배려할 줄 아는 성숙을 갖춰야 누군가를 제대로 사랑할 수 있어요. 고등학생 부부가 나오는 TV 프로그램을 보면, 성숙함을 갖추지 못한 채로 임신하고 가정을 이뤘을 때, 계속해서 문제가 더 많이 생기는 모습을 확인할 수 있어요. 사랑은 성숙함이 생길 때 하는 것이 가장 좋아요.

② 사귀는 법은 누구에게 배울까?

이성을 사랑하는 법을 잘 배우고 실천하는 것이 필요해요. 이때 누구한테 배우느냐가 정말 중요해요. 사랑의 최고 전문가는 하나님이세요. 하나님의 닉네임이 바로 '사랑'이세요. 최고의 사랑 전문가이신 하나님 사랑에 집중하는 것은 엄청난 도움이 될 거예요. 이성을 사랑하기 전에 하나님을 마음껏 사랑하세요. 하나님을 향한 사랑이 넘쳐흐른다면, 이성과도 건강한 사랑을 나눌 수 있어요.

③ 사귀어야 할 이성은 어떻게 만날까?

하나님을 사랑하면서 이성 교제를 준비하면 기준이 자연스럽게 만들어질 거예요. 세상은 외모를 무척 중요하게 여겨요. 거의 절대적이에요. 그런데 성경은 외모를 보지 말고 중심을 보라고 말해요(삼상 16:7). 또한 믿지 않는 자와는 멍에를 함께 매지 말라고 하시며, 믿음 안에서의 교제를 강조해요(고후 6:14). 이러한 말씀을 전혀 모른다면 교회만 다녔지, 세상과 똑같은 기준으로 이성을 대하고 접근하고 사귀게 될 거예요.

④ 이 친구와 사귀는 것이 하나님의 뜻에 맞을까?

크리스천에게 가장 중요한 것은 하나님의 뜻을 묻는 거예요. 마음에 든다고 무조건 다가가고 고백하는 것이 아니라, 하나님께 먼저 "하나님, 이 사람과 사귀어도 괜찮을까요?"라고 기도하면서 하나님의 뜻을 구하는 것이 중요해요. 그 하나님의 응답을 받은 다음에 사귀는 단계로 가는 거죠.

다르게 살아야 하는 우리

하나님은 우리에게 세상 속에서 소금과 빛으로 살라고 말씀하셨어요. 즉, 세상 사람들과 다르게 살 것을 말씀하셨어요. 그렇다면 이성을 보는 관점도 달라야 하고, 사귀기까지 준비하는 과정도 달라야 해요. 마지막으로, 사귀는 모습도 달라야 해요. 내가 지금 이성을 사귀는 그 과정을 통해서도 오직 하나님께 영광을 돌릴 수 있어야 해요. 하나님도 바로 이것을 원하실 거예요.

청소년의 스킨십, 어디까지 괜찮을까요?

"요즘에 사귀면 누구나 스킨십을 다 하잖아요? 그렇다면 청소년은 어디까지 해도 괜찮을까요? 그 선을 말씀해 주시면 감사하겠습니다."

사귀면서 스킨십을 안 하는 커플은 없을 거예요. 손도 잡고, 포옹도 하는 스킨십은 서로의 친밀도를 높여 줘요. 보통 이러한 스킨십은 여학생보다 남학생이 더 좋아한다고 해요. 남자들은 포옹이나 입맞춤, 성적 행위를 통해서 사랑을 확인하려 해요.

그런데 여성은 좀 다르기도 해요. 스킨십은 매우 특별한 사이에서만 가능하다고 생각해요. 보통 여학생들이 스킨십을 허용해 줄 때 큰 이유는 이렇게 하지 않으면 남자 친구가 떠나갈 수도 있다고 생각하기 때문이에요.

청소년기의 스킨십 어떻게 바라봐야 할까?

청소년기의 이성 교제에서 스킨십은 매우 주의해야 해요. 왜냐하면 스킨십은 자기 절제나 조절이 어렵기 때문이에요. 처음에는 포옹만 하기로 했는데 그다음에는 키스가 하고 싶고, 그다음에는 더 만지고 싶고, 그다음에는 성관계를 맺고 싶어져요. 처음부터 날짜를 정해 놓고 성관계를 맺는 커플은 없어요. 스킨십을 하다 나도 모르게 선을 넘어 다음 단계로 가는 거예요. 청소년기의 성적 충동성은 폭주 기관차와 같아요. 중간에 여기서 멈춰야겠다는 생각만으로는 중단이 되지 않아요.

왜 청소년의 스킨십이 위험하냐면, 대부분이 성관계와 연결되기 때문이에요. 빠르면 만난 지 한 달 이내에 성관계를 맺는 커플도 많아요. 그리고 주변 분위기가 사귀면 다 성관계까지 맺는 것으로 인식하는 경향이 매우 커요. 특히 남학생들은 학교에서 서로 물어보는 것이 "어디까지 해 봤어?"라고 해요. 사귄 지 오래되었는데도 성관계가 없으면, 무언가 문제가 있는 커플로 인식하기도 해요. 그래서 더더욱 성관계를 목표로 하는 이성 교제가 늘어나고 있어요.

문제는 결혼 전의 성관계가 하나님이 싫어하시는 죄라는 거예요. 또 성관계 이후, 큰 죄책감과 양심의 가책으로 신앙 생활을 제대로 하지 못하는 경우가 다반사인데요. 특히 한 교회에서 사귀던 커플이 성관계를 맺은 후 헤어지면, 둘 중 한 사람은 거의 교회를 떠나곤 해요. 더욱더 심각한 일은 임신했을 경우인데요. 그럴 때 청소년 출산

또는 낙태라는 인생의 어려운 암초를 맞닥뜨리기도 해요. 따라서 청소년기에 이성 교제를 한다면, 스킨십은 최대한 하지 않는 것이 가장 좋아요. 성적 자기 절제가 너무 힘든 시기이기 때문에 그래요. 특히 요즘같이 청소년이 음란물에 쉽게 접근할 수 있는 경우, 이성과의 신체 접촉은 곧 성적 접촉으로 이어지기 매우 쉬워요.

전지적 하나님 시점으로

우리가 반드시 기억해야 할 것은 하나님은 모든 것을 알고 계시고, 보고 계신다는 사실이에요. 만약 지금 이성 친구와 하는 행동을 하나님도 허락하실 것 같다면, 그 행동은 괜찮을 거예요. 하지만 스킨십 중간이나 이후에 양심의 가책이나 찔림이 있다면, 지금 무언가 문제가 있을 수 있어요. 로마서 6장 13절 말씀을 기억하세요.

"또한 너희 지체를 불의의 무기로 죄에게 내주지 말고 오직 너희 자신을 죽은 자 가운데서 다시 살아난 자 같이 하나님께 드리며 너희 지체를 의의 무기로 하나님께 드리라."

지금 청소년에게 필요한 질문은 이성 교제 시 어디까지 진도를 나가야 하느냐가 아니에요. 어떻게 하면 하나님이 주신 이 몸을 가지고 하나님께 영광을 돌릴까에 대한 것이어야 해요. 성경은 분명히 말해요. 우리 몸은 우리 것이 아니고 하나님의 것이기에 우리 몸이 죄의 도구가 되어서는 안 되고 의의 도구 즉, 하나님이 기뻐하시는 도구가 되어야 함을요.

그렇다면 스킨십을 할 때, 하나님이 과연 그 행동을 기뻐하실까를 스스로에게 물어야 해요. 작은 부분이라도 내 양심에 거리낌이 있다면, 죄로 가고 있다는 뜻이기에 하지 않기를 바라요. 인간에게는 성욕이라는 본능이 있어요. 이것이 결혼 안에서는 좋은 것이지만, 결혼 밖에서는 위험성이 상당히 많아요.

청소년기에 이성 교제를 할 수 있어요. 스킨십도 할 수 있고요. 하지만 청소년기의 이성 교제에서 필요한 것은 바로 절제입니다. "이기기를 다투는 자마다 모든 일에 절제하나니"(고전 9:25). 절제하면서 교제하는 청소년이 이기는 거예요. 또한 그것이 하나님이 기뻐하시는 모습이에요.

요즘 같은 시대에도 혼전순결 꼭 지켜야 할까요?

"교회에서는 혼전순결을 강조하는데요. 너무 시대랑 안 맞는 이야기 같아요. 요즘 같은 이 시대에도 혼전순결을 꼭 지켜야 할까요?"

혼전순결은 이 시대와 맞지 않는 모습이라고 생각하는 사람이 늘고 있어요. 실제로 1970년대 여학생 가운데는 95% 이상이 혼전순결을 지지했는데, 지금은 50%도 찬성하지 않는다고 해요. 이 시대는 성에 대해 자유로운 생각이 매우 팽배해요. 고등학교 3학년 학생이 이런 글을 남긴 경우가 있었어요.

"저는 내년이면 성인이 되는데, 혼전순결에 대해 반대해요. 성에 대한 개인의 선택을 존중해야 하지 않나요? 임신의 문제요? 피임하면 되지 않나요? 왜 그걸 지켜야 하는지 도저히 모르겠네요."

이걸로 그치지 않고, 잘 모르는 사람과 클럽에서 만나 성관계를 맺는 이른바 '원 나이트 스탠드'도 가능하다고 밝힌 대학생이 60%가 넘는다고 해요.

그렇다면 정말 시대가 바뀌었으니까 순결은 우리에게 아무런 의미가 없을까요? 크리스천에게 중요한 삶의 기준은 하나님의 말씀이에요. 하나님의 말씀은 시대와 불변하게 우리에게 가장 중요해요. 따라서 우리는 혼전순결에 대해서 성경이 어떻게 이야기하는지를 알아야 해요.

하나님이 선물로 주신 성

먼저 마태복음 5장 말씀을 보면 "마음이 청결한 자는 복이 있나니 그들이 하나님을 볼 것임이요"라고 나와 있어요. 영어 성경을 보니까, 마음이 순결한 사람이 복이 있다고 말씀하고, 그들이 하나님을 볼 수 있다고 해요.

성경은 순결한 사람이 복이 있고, 하나님은 순결한 사람을 원하신다고 분명하게 말해요. 특별히 성경에서 '성'은 하나님이 부부 사이에 주신 선물이라고 말해요. 성이 부부 안에 있을 때 너무나도 좋은 행복의 요소지만, 부부 밖으로 나가는 그 순간 죄입니다. 결혼 전 성관계는 어떠한 경우도 죄입니다. 결혼 이후에 다른 사람과 성관계를 맺는 것도 다 죄가 됩니다. 하나님은 자기 자녀들이 결혼 전에도, 결혼 후에도 늘 순결하길 원하세요.

성령님이 거하시는 성전

하나님이 성적인 죄를 더욱 싫어하시는 이유를 고린도전서 6장 18절에서 찾아볼게요. "음행을 피하라 사람이 범하는 죄마다 몸 밖에 있거니와 음행하는 자는 자기 몸에 죄를 범하느니라"라고 해요. 음행은 성적인 죄악인데, 이 죄는 다른 죄와 달리 내 몸 안에서 이뤄진다는 말씀이에요. 즉, 몸 자체를 죄의 도구로 사용하기에 심각한 죄입니다.

신앙생활을 잘하다가도 이성 친구를 사귀고 성관계를 맺은 후에 급격하게 믿음이 흔들리는 모습을 보게 돼요. 나중에 뉘우치고 회개하는데, 생각보다 회복이 쉽지 않은 경우를 봐요. 극단적인 경우는 믿음을 접는 모습도 보았어요. 다른 죄보다 성적인 죄가 왜 이렇게 심각할까요?

고린도전서 6장 19절을 보면 "너희 몸은 너희가 하나님께로부터 받은바 너희 가운데 계신 성령의 전인 줄을 알지 못하느냐 너희는 너희 자신의 것이 아니라"라고 해요.

우리 몸은 우리의 것이 아니기 때문에 그래요. 예수님을 믿는 우리의 몸은 이미 예수님의 영이 거하시는 성전이에요. 성령님이 거하시는 거룩한 땅이에요. 그런데 그 거룩한 곳이 성적인 행동으로 더럽혀졌기 때문에 하나님이 싫어하세요. 따라서 혼전순결을 지키지 않은 것은 그냥 단순한 죄가 아닌, 하나님을 더럽히게 한 죄예요. 이러한 이유로 인해서, 이 죄가 매우 심각하다는 거지요.

나를 살리는 열쇠

혼전순결은 단지 성관계를 하고 안 하고의 문제가 아니에요. 나를 영적으로 살게 하고 죽게 하는 열쇠가 이 안에 있다는 사실이에요. 하나님을 진실로 사랑하고, 믿음 가운데 살 수 있는 비법 중 큰 부분이 바로 순결이에요. 물론 청소년기에 한순간의 유혹과 실수로 성관계를 이미 경험한 경우도 있을 수 있어요. 하지만 과거의 내 죄를 두고 철저히 회개하며 하나님 앞에 나아갈 때, 성적인 죄든 어떠한 죄든 하나님은 다 용서해 주세요. 앞으로 내 몸을 하나님의 성전으로 여기고 순결하게 살면 됩니다. 그럴 때 하나님이 그 청소년을 축복하세요.

결혼은
꼭 해야 하나요?

"사회적인 분위기가 결혼을 안 하는 비혼주의자가 많아지고 있는데요. 결혼은 꼭 해야 하나요? 그냥 연애만 하거나, 결혼하지 않고 사는 건 어떨까요?"

과거에는 결혼 적령기가 되면 대부분 결혼을 했지만, 요즘에는 결혼하지 않고 사는 사람도 많죠. 실제로 우리나라 만 40세 기준으로 40%가 미혼이라고 해요. 사회적 분위기가 결혼은 더 이상 필수가 아닌 선택으로 보여요. 보통 우리는 결혼을 선택할 수도 있고, 하지 않을 자유도 있다고 생각해요. 그런데 우리가 무엇을 선택할 때 자유보다 더 우선해야 하는 것이 있는데, 바로 선택의 기준이에요. 무엇인가를 결정할 때, 어떠한 기준으로 결정하는가는 매우 중요해요. 세상 사람과 크리스천의 차이 역시 결정의 기준에서 생겨요.

그렇다면, 우리의 선택 기준은 무엇일까요? 바로 성경 말씀이에요. 성경에서 과연 결혼을 자유롭게 선택할 수 있는 것이라고 말하는지 살필게요.

성경이 말하는 비혼

먼저, 결혼하지 않고 독신으로 사는 것을 성경은 어떻게 설명할까요? 바울은 고린도전서 7장에서 사람들이 자신처럼 결혼하지 않고 혼자 살기를 원한다고 말한 적이 분명히 있어요. 그러면서 결혼하지 않고 혼자 살 때의 장점도 언급해요. 다른 것보다 주님의 일에 집중할 수 있는 장점이 있어요. 실제로 결혼한 사람에게 배우자와 자녀는 매우 중요하고, 삶의 우선순위 가운데 하나입니다. 식구들에게 에너지도 많이 쏟아야 해요.

사도바울은 고린도전서 7장 32-34절에서 결혼한 사람은 자기 부인과 남편을 기쁘게 하는 일에 염려를 많이 한다고 밝혀요. 그 염려가 주님을 기쁘시게 하는 일에 방해가 될 수 있다고도 해요. 따라서 결혼하지 않고 독신으로 살아갈 때 주님의 일에 더욱더 많은 에너지를 집중할 수 있는 장점이 생겨요. 하지만 이러한 경우 말고는 혼자 사는 것을 독려하거나 권장하는 구절은 한 구절도 보이지 않아요. 오히려 성경은 결혼을 수도 없이 강조하고 매우 반복적으로 이야기하고 있어요. 그렇다면, 왜 성경은 우리에게 결혼을 말하는지 그 이유를 살펴볼게요.

성경이 말하는 결혼

① 결혼은 하나님이 만드신 기본 제도다

결혼은 인류가 타락하기 전에 만들어 놓으신 하나님의 가장 기본 제도이기 때문이에요. 성경 대부분의 스토리는 아담과 하와의 타락 이후의 내용이에요. 그런데 결혼만큼은 타락 전에 이미 만들어 놓으신 사회의 기본 제도로, 그만큼 중요하고 완벽한 제도라는 뜻이 담겨 있어요.

하나님은 다른 어떠한 제도보다 결혼을 특별하게 생각하셨어요. 어느 정도냐면, 사람이 혼자 사는 것이 좋지 않다고까지 하세요. 남자에게는 반드시 돕는 배필인 여자가 필요하다고 하시고 남자와 여자가 결혼이라는 제도를 통해 가정을 만들도록 하셨어요. 이 모든 것은 인류 타락 전에 하나님이 만들어 놓으신 매우 특별한 제도예요.

② 결혼은 하나님의 창조 질서다

하나님은 세상을 창조하실 때 질서 있게 만들어 놓으셨어요. 남자와 여자, 각각 다른 성으로 사람을 만드시고 남녀가 만나 결혼하여 가정을 이루도록 하셨어요. 창세기 1장 28절은 이렇게 우리에게 말해요. "하나님이 그들에게 이르시되 생육하고 번성하여 땅에 충만하라." 남녀가 만나 결혼하는 것은 이 세상을 만드신 하나님의 창조 질서이기에 우리는 이 말씀에 순종함으로 동참해야 해요.

③ 결혼은 축복의 통로다

하나님은 사람을 너무나도 사랑하시고 여러 가지 방법을 통해서 축복하시는데, 그 대표적인 것이 결혼이에요. 잠언 18장 22절을 보면 "아내를 얻은 자는 복을 얻고 여호와께 은총을 받는 자니라"라고 말해요. 성경에 남편을 얻는 자는 복을 받는다고 직접적으로 언급하고 있지는 않지만, 이 구절은 배우자 양쪽을 향한 말씀이에요. 남편을 얻는 것도 복이고, 하나님의 은총을 받는 모습이에요.

행복한 결혼 생활만큼 세상에서 축복된 일이 없어요. 하나님이 우리에게 허락하신 놀라운 축복을 경험하길 원한다면 결혼을 하는 것이 좋겠어요. 성경에 결혼식이 대략 35번, 결혼이 88번이나 언급된 것으로 볼 때 하나님의 관심도 결혼에 있으심을 알게 해요. 하나님은 자기 백성을 누구보다 사랑하시고, 축복하길 원하세요. 그 사랑과 축복이 바로 결혼을 통해서 이뤄진답니다.

동성에게 끌린다는 친구가 있는데, 동성애는 정말 죄인가요?

> "제 주변에 동성애에 관심을 가진 친구들이 꽤 있어요. 저도 친구를 따라 퀴어 축제에 종종 참석하는 편이에요. 동성애는 왜 안 되나요? 동성애는 정말 나쁜 것인가요?"

영화나 드라마 속에 동성 커플이 심심치 않게 등장하는 것을 볼 수 있어요. 학교 내에도 동성애를 지지하는 친구들이 많다고 하지요. 온라인 커뮤니티를 통해 동성 간의 만남도 어렵지 않아요. 이제 웬만한 대도시에서는 퀴어 축제를 진행해요. 국회에서도 동성애에 대한 차별 금지법 통과를 준비하고 있고, 많은 나라에서 동성 결혼을 인정하고 있어요.

이러한 사회적 분위기 속에서 아직도 동성애를 인정하지 않는다는 것은 무언가 시대에 뒤떨어져 보인다고 생각해요. 특별히 이 시대는 자유를 매우 중요하게 여기기에 많은 사람이 성적 취향에도 자유가 있다고 주장해요. 내가 남자를 좋아할 수도 있고, 여자를 좋아할 수도 있는데, 왜 이게 문제냐고 해요. 지금이 조선 시대도 아니고, 그냥 하고 싶은 대로 내버려 두라고 말하면서요.

내 삶의 기준

크리스천의 삶에서 가장 중요한 우선순위가 있어요. 시대 흐름에 따라가는 삶도 아니고 자기 자유를 주장하는 삶도 아니에요. 삶의 기준을 하나님 말씀으로 삼고 살아가야 해요. 크리스천이 삶의 기준을 성경이 아닌 다른 것으로 삼고 살아가면, 그 사람은 이미 크리스천이라고 할 수 없어요. 그런 면에서 우리는 동성애에 대해 하나님이 어떻게 말씀하시는지 집중해서 들을 필요가 있겠지요.

창세기 2장을 보면 남자와 여자가 결혼하는 최초의 모습이 나와요. 18절을 보면 "여호와 하나님이 이르시되 사람이 혼자 사는 것이 좋지 아니하니 내가 그를 위하여 돕는 배필을 지으리라 하시니라"라고 해요. 이어서 21절에 남자의 짝을 만들어 주시는 장면이 등장하는데, 하나님은 남자를 잠들게 하시고, 그 몸에서 취한 갈빗대로 여자를 만드신 후 둘이 결혼하도록 이끄세요.

하나님은 남자에게 또 다른 남자를 주신 적이 없어요. 만약 하나님이 처음부터 동성애를 지지하셨다면, 아담 옆에 또 다른 아담을 만들어 주시고, 둘이 결혼하도록 허락하셨을 거예요. 그런데 하나님은 아담과 전혀 다른 성별인 여성을 만드시고 이 두 사람을 이어주셨어요. 이것이 하나님이 만들어 놓으신 창조의 질서입니다. 이를 지키고 살아가는 것이 우리 크리스천의 본분이기에 동성애는 안 된다는 거예요.

하나님의 창조 질서

하나님은 사람을 남자와 여자로 만드셨어요. 이 두 사람이 결혼으로 하나 되는 것이 창조 질서라 할 수 있어요.

로마서 1장을 보면, 죄가 쭉 열거되고 있어요. 사람이 죄를 짓는 이유는 그들 안에 있는 정욕 때문인데, 그로 인해 사람들 안에 하나님이 주신 진리를 거짓으로 바꾸게 되었어요. 바로 남자가 남자를 사랑하는 것이고, 여자가 여자를 사랑하는 것이에요. 이는 하나님이 만들어 놓으신 창조 질서를 깬 행동이에요.

현대인의성경으로 로마서 1장 26-27절을 보면 다음과 같아요. "이것 때문에 하나님께서는 그들을 부끄러운 정욕대로 살게 버려두셨습니다. 그래서 여자들까지도 정상적인 성생활을 버리고 변태적인 짓을 즐기며 남자들도 그와 같이 여자들과의 정상적인 성생활을 버리고 자기들끼리 서로 정욕을 불태우면서 부끄러운 짓을 하여 그 잘못에 대한 마땅한 대가를 받았습니다."

이렇듯 성경은 동성애를 죄라고 직접적으로 말하고 있어요. 이 죄가 무서운 이유는 하나님의 창조 질서를 깨트리기 때문이에요.

하나님이 싫어하시는 죄

하나님은 동성애를 싫어하세요. 레위기 20장 13절을 보면, "누구든지 여인과 동침하듯 남자와 동침하면 둘 다 가증한 일을 행함인즉 반드시 죽일지니 자기의 피가 자기에게로 돌아가리라"라고 해요.

열왕기상 15장 12절을 보면 "남색하는 자를 그 땅에서 쫓아내고"라고 아주 강력하게 말해요. 동성애를 하는 자들을 땅에서 쫓아내고 없애 버리라고까지 하셨어요. 실제로 엄청난 문명을 자랑했던 소돔과 고모라가 멸망당한 이유가 바로 이 때문이에요. 로마의 폼페이 또한 하루아침에 화산 폭발로 사라졌는데, 나중에 도시를 발굴했더니 동성애 흔적이 발견되었다는 기록도 있어요.

신약 성경에도 동성애에 대한 하나님의 마음이 나와요. 고린도전서 6장 9-10절을 보면 "남색하는 자나 도적이나 탐욕을 부리는 자나 술 취하는 자나 모욕하는 자나 속여 빼앗는 자들은 하나님의 나라를 유업으로 받지 못하리라"라고 해요. '남색하는 자'가 헬라어로 아르세노코이타이인데, 그 뜻은 남자끼리 연애하는 자, 다른 말로 동성 연애하는 자입니다. 동성애자들은 하나님 나라의 유업을 얻을 수 없다고까지 말해요. 우리가 쉽게 생각했던 동성애, 또한 성적 자유라고 생각했던 동성애를 단순하게 봐서는 안 되겠지요. 하나님이 무척 싫어하시는 죄임을 반드시 기억하세요.

가끔 야동을 보는데요, 야동을 보는 게 죄인가요?

"저는 매일은 아니지만 가끔씩 야동을 보고 있어요. 제 주변 친구들도 종종 야동을 보는 것 같던데요. 야동을 보는 것도 죄인가요?"

남자 청소년 가운데 야동을 접한 경험이 없는 경우는 거의 없는 것 같아요. 여학생들도 생각보다 야동을 접한 비율이 높아요. 그래서 음란물 보는 것을 대수롭지 않게 여기는 분위기가 형성되고 있어요. 일반적으로 야동은 다수의 사람이 보기 때문에 크게 문제 될 것이 없고, 다른 사람에게 피해를 주는 것이 아니기에 괜찮고, 청소년기에 넘치는 성욕을 해결할 길은 야동밖에 없다고도 해요. 다수가 야동 보면서 자위행위로 성욕을 푸는데, 이것이 왜 문제가 되느냐고도 해요.

우선 우리가 야동이라고 부르는 것을 성경은 어떻게 말하는지 볼 게요. 성경에는 '음행'이라는 단어가 신약에만 26번 등장해요. 음행의 헬라어가 '포르네이아'이고 여기서 나온 영어 단어가 '포르노그라피'입니다. 그 포르노그라피를 보통 야동이라고 해요. 중요한 것은 성경에 음행, 음란이라는 단어가 한 번도 긍정적으로 사용된 적이 없어요. 오히려 하나님이 가장 싫어하시는 죄 가운데 하나를 음행이라고 분명하게 말하고 있어요. 그렇다면 조금 구체적으로 우리가 야동을 봐서는 안 되는 이유를 말해 줄게요.

야동을 봐서는 안 되는 세 가지 이유
① 중독에 빠지게 하기 때문에

성욕은 사람의 기본 욕구 중 하나입니다. 그래서 남학생들은 일정 나이가 되면 여성의 몸이 보고 싶어져요. 이런 상태를 호기심이라고 해요. 보통 야동의 입문은 호기심이에요. 그런데 문제는 호기심으로 끝나지 않아요. 다음 단계는 의존이에요. 야동이 또 보고 싶어지는 거예요. 다른 것도 보고 싶어지고요. 보지 못하면 견딜 수 없는 의존의 단계를 지나 이제는 중독이 됩니다. 학교에 있을 때나 학원에 있을 때도 생각이 나요. 심지어 지나가는 여자만 봐도 생각이 나요. 하루라도 야동을 보며 자위행위를 안 할 수 없다고 해요. 그리고 마지막 단계인 행동으로 옮기게 되고요. 야동을 보는 행동으로 그치는 것이 아니라, 영상 속 장면을 따라 하기 원하게 됩니다. 실제로 성 범죄자의 집에 가 보면, 컴퓨터 안에 수많은 음란물이 발견된다고도 해요. 음란물 중독에 빠져 행동으로 옮기는 범죄를 저지르게 됩니다.

② 잘못된 가치관을 만들기 때문에

야동은 밤마다 몰래 보기 때문에 수면 시간이 줄어들고, 부모님께 걸리면 안 되니까 강박증과 불안감이 커져요. 잦은 자위행위로 건강이 약화될 수도 있어요. 가장 큰 문제는 야동을 통해서 여성을 성욕의 도구로만 보게 된다는 점이에요.

하나님은 성을 부부 사이에 즐길 수 있는 선하고 고귀한 것으로 만들어 놓으셨어요. 그런데 야동에 등장하는 것은 모두 인위적인 모습이에요. 음란물에 등장하는 행위는 감독이 시키는 대로 배우들이 따라서 하는 것으로, 어떠한 행동을 할 때 보는 사람이 흥분하고 좋아하는지에 따라 제작해요. 야동에 등장하는 모습 가운데 정상적인 것의 거의 없고 실제로 남성과 여성이 사랑할 때의 모습이 아닌데 마치 진짜처럼 보여줘요. 그래서 야동에 빠져 있으면 성적으로 왜곡됩니다.

무엇보다도 하나님이 배우자를 주실 때, 단지 성적인 만족을 위한 대상이 아닌 사랑의 대상으로 주셨는데 그 사랑을 왜곡시켜요. 야동에 중독된 사람은 나중에 부부 관계에도 문제가 생길 확률이 높아요.

③ 하나님이 말씀하셨기 때문에

하나님은 야동을 보지 말라고 분명히 말씀하셨어요. 에베소서 5장 3절에서 "음행과 온갖 더러운 것과 탐욕은 너희 중에서 그 이름조차 부르지 말라 이는 성도에게 마땅한 바니라"라고 해요. 여기서 음행이라는 단어가 야동에 해당하는 단어로 볼 수 있는데, 하나님은 보지 말라고 하신 정도가 아니라 훨씬 강도가 세게, 그 이름도 부르지 말라고 하셨어요. 야동에 빠지면 '하나님 형상'의 순수성이 사라지고 도덕적 기준도 희미해져요.

우리와 가까이 계시는 하나님

무엇보다도 하나님은 우리의 모든 행동을 다 보고 계세요. 하나님은 멀리 계시지 않고 우리와 가까이 계세요(렘 23:23). 하지만 야동에 빠질 때, 하나님과 영적으로 멀어지게 됩니다. 기도도 되지 않고, 말씀도 눈에 들어오지 않고, 예배 집중도도 약해져요. 왜 그럴까요? 하나님이 싫어하시는 죄이기 때문이에요. 혹시 지금까지 야동에 심취해 있었다면, 이제 결단하길 바랄게요. 하나님이 싫어하시는 죄에서 회개함으로 돌이키고 완전히 끊어내길 바랍니다.

핸드폰 게임을 많이 하는데 절제가 도저히 안 돼요.

> "저는 핸드폰을 많이 하는 편이에요. 밤늦은 시간까지 핸드폰을 들여다보고 있고, 게임도 이것저것 많이 해요. 하루 종일 절제가 잘되지 않는데, 어떻게 하면 좋을까요?"

언젠가부터 우리에게 스마트폰은 없어서는 안 되는 존재가 되었어요. 학교에 갈 때도 다른 건 다 놓고 가도 스마트폰은 꼭 챙겨 가야 하고요. 비록 수업 시간에 잠깐 핸드폰을 꺼 두기는 하지만, 수업이 끝나는 시간부터 잠자기 전까지 핸드폰 없이 살기 어려워요. 이제 핸드폰 없는 세상은 상상하기 힘들 정도예요.

그렇다면 정말 핸드폰 없이 살 수 없을까요? 우리 교회는 수련회를 시작할 때 핸드폰을 걷고 다 끝나고 집에 갈 때 돌려주곤 해요. 모두 핸드폰을 제출한 직후에는 다소 어색한 분위기가 있어요. 항상 손에 무엇인가 들고 있었는데, 그게 없어졌으니까요. 그런데 조금만 시간이 지나면, 금방 핸드폰 없는 일상이 적응됩니다. 핸드폰 없이 못 산다고요? 아니오, 충분히 살 수 있어요. 지금 청소년이 과도한 핸드폰 사용으로 부정적 영향을 받고 있다는 사실을 몇 가지로 추려 볼게요.

핸드폰 사용, 무엇이 문제일까?

첫째는 많은 시간을 낭비하고 있어요. 세상에서 가장 귀하고 소중한 것이 시간인데 그 시간을 핸드폰과 무의미하게 보내고 있어요.

둘째는 수면 부족에 시달리고 있어요. 밤에 일찍 자야 신체가 건강해지고 청소년기의 성장 호르몬 분비에도 도움이 될 텐데, 늦은 밤까지 핸드폰을 들여다보느라 건강과 성장 발달에 지장을 주고 있어요.

셋째로 집중력을 잃어요. 공부나 내가 좋아하는 어떤 특정 분야의 일을 할 때 집중력이 가장 중요해요. 책상에 오래 앉아 있다고 해서 공부를 잘하는 것이 아니에요. 집중력이 있어야 능률이 올라요. 그런데 핸드폰의 과도한 사용으로 집중력이 현저히 떨어지게 됩니다.

넷째로 시력이 나빠질 수 있어요. 특히 밤에 불 끈 채로 핸드폰을 볼 경우, 오로지 핸드폰 빛에 시야가 집중되기 때문에 피로도가 올라가고 시력 저하도 쉽게 찾아올 수 있어요.

다섯 번째로 영적 활동에도 많은 장애를 끼쳐요. 주일 아침 예배 시간에 피로에 찌든 청소년들을 종종 만나요. 대부분 전날 밤, 늦은 시간까지 핸드폰을 보거나 게임을 한 학생들이에요. 일주일에 한 번 예배드리는 가장 중요한 시간이 오히려 가장 피곤한 시간이 되어서, 예배에 집중하지 못하고 자연스럽게 영적으로 힘을 잃게 되는 거죠.

핸드폰 중독, 어떻게 예방할 수 있을까?

많은 청소년에게서 일어나는 핸드폰 중독 현상을 방치하면 더욱 나빠지게 됩니다. 학교 생활과 교회 생활에 더욱더 부정적 영향을 끼칠 수 있어요. 그렇다면, 지금 일어나는 핸드폰 중독 어떻게 하면 막을 수 있을까요? 몇 가지를 제안해 드릴게요.

① 부모님 도움 구하기

스스로의 의지로 핸드폰에 빠진 자신을 구출하기는 쉽지 않을 거예요. 그래서 다른 사람의 도움이 필요해요. 멀리서 찾지 말고, 함께 사는 부모님이나 어른의 도움을 받는 것이 가장 좋아요. 보호자와 함께 핸드폰 사용에 대한 규칙을 정해 놓을 필요가 있어요. 사용하는 시간대와 전체 사용 시간 규정이 필요해요. 약속을 어길 경우 핸드폰 압수 등의 패널티도 정해 놓으면 좋아요. 만약 이것이 힘들다면, 집에 들어온 다음에는 일정 시간만 핸드폰을 사용한 후 부모님께 제출하고, 다음날 학교 갈 때 받는 것으로 하세요. 특히 잠자리에 들기 전에는 무조건 핸드폰을 부모님께 맡겨야 중독에서 빨리 벗어날 수 있어요.

② 취미 활동 만들기

다른 취미 활동을 만들고 거기에 시간을 보내세요. 청소년이 핸드폰에 매달리는 가장 큰 이유는 핸드폰 말고 다른 활동이 없어서 그래요. 취미 활동이나 운동과 같이 육체 에너지를 사용할 수 있는 활동이면 핸드폰 중독에서 벗어나는 데 도움이 됩니다.

③ 2G 폰으로 바꾸기

이것저것 다 해 봐도 도저히 어렵다면, 인터넷이 되지 않는 2G폰으로 바꾸세요. 이 시대의 스마트폰은 청소년들을 아골 골짝으로 인도하는 무기가 되었어요. 스마트폰은 전화기라기보다는 인터넷 접속을 위한 미디어 시스템이에요. 와이파이만 연결되면 홀로 얼마든지 선정적이고 폭력적이고 유해한 것을 볼 수 있어요. 이러한 충동에서 벗어날 수 없다면, 인터넷이 되지 않는 기기로 교체하는 것도 한 방법이에요.

④ 하나님 가까이하기

사탄은 스마트폰으로 우리 영혼을 계속 공격해 오고 있어요. 핸드폰에 빠져 있다는 것은 사탄에게 영적인 공격을 받고 있다는 뜻이에요. 찬양과 말씀을 들으면서 하나님께 가까이하는 시간을 늘리는 것이 핸드폰 중독에서 벗어나는 방법임을 기억하세요.

술이나 담배는 왜 안 되는지 알고 싶어요.

"술을 마시는 친구나 선배가 많이 있어요. 담배를 피우는 아이들도 있고요. 교회에서 술과 담배는 안 된다고 하던데, 왜 꼭 성인이 되어서도 그래야 하나요? 이유를 알고 싶어요."

우리나라는 전 세계에서 술을 가장 많이 마시는 나라 중 하나입니다. 청소년들 중에 몰래 마시기도 하겠지만, 성인이 된 이후에는 더 많은 사람이 술을 주저 없이 마시곤 해요. 이제는 TV 예능에서 술 마시는 모습은 아무렇지 않을 정도가 되었어요. 오히려 술을 마시지 않는 사람이 있을까 하는 생각이 들 정도예요. 그래서 술 마시는 것이 왜 문제인가라는 질문이 생겨요. 크리스천 삶의 기준은 세상이 아닌 성경에 있기에, 성경이 술에 대해서 어떻게 말하는지를 자세히 볼 필요가 있어요.

먼저, 성경에서 술에 대해 허용하는 말씀이 있는지를 찾아볼게요. 예수님은 첫 번째 이적을 가나 혼인 잔치에서 행하셨어요. 잔치에 포도주가 떨어졌을 때 예수님은 물을 포도주로 만들어 사람들이 마시도록 하셨어요. 또 예수님의 최후의 만찬을 보면, 제자들과 함께 포도주를 나누시는 장면이 나와요.

그렇다면 '와인 정도의 술은 마셔도 되는 것이 아닐까?'라는 생각이 들기도 할 거예요. 당시 팔레스타인 지방은 식수의 질이 무척 좋지 않았어요. 물에 석회가 많아서 생수를 마시면, 탈이 나곤 했어요. 그래서 음료 대용으로 포도주를 만들어 마셨지요. 성경에 등장하는 포도주는 대부분 음료수라고 보는 것이 맞아요.

디모데전서 5장 23절을 보면, 바울은 디모데에게 포도주를 권면해요. 당시 디모데가 소화 기능이 좋지 않아 위장병으로 자주 고생했기 때문이에요. 바울은 디모데의 건강을 바라는 마음으로 포도주를 권했어요. 이 본문에서 포도주는 약의 개념이라 할 수 있어요. 성경에서 이 부분을 제외하고는 술에 대해서 긍정적으로 말한 본문은 거의 없어요.

성경은 어떻게 말할까?

그렇다면, 성경은 술에 대해서 어떻게 말할까요? 첫째로 술은 좋지 않은 사건을 만들어 낸다고 말해요. 창세기를 보면 노아는 술에 취한 채로 옷을 다 벗고 잠들었어요. 그 모습을 본 아들 함이 형들에게 알렸고, 노아가 술에서 깬 이후, 그의 손자인 함의 아들 가나안이 저주를 받게 됩니다. 아마도 손자가 할아버지의 허물을 드러내고 다녔기 때문인 듯해요. 문제는 노아의 술 취함에 있었는데, 이 사건으로 손자가 저주를 받는 일이 발생했어요.

또한 소돔과 고모라가 하나님의 심판으로 망할 때, 롯은 딸과 함께 굴로 피신을 떠나요. 이때 딸들이 아버지를 술 취하게 만들고, 이후 아버지와 성관계를 맺어 자식을 낳아요. 이처럼 성경 전반을 보면 술이 나쁜 결과를 만들어 내는 것을 알 수 있어요.

두 번째로 술을 보지도 말라고 해요. 어떤 사람은 "성경 어디에서 술 마시지 말라고 했나요? 취하지 말라고 했죠"라고 주장을 하면서 취하지 않고 한두 잔 마시는 것은 괜찮다고 합니다. 과연 그럴까요? 잠언 23장 31절을 보면 "포도주는 붉고 잔에서 번쩍이며 순하게 내려가나니 너는 그것을 보지도 말지어다"라고 해요. 32절에 그 이유를 보면, 술은 뱀과 같이 우리를 물어 독을 퍼지게 하는 존재이기 때문이라고 말하고 있어요.

세 번째로 술은 성령 충만을 방해하기 때문이에요. 에베소서 5장 18절을 보면 "술 취하지 말라 이는 방탕한 것이니 오직 성령의 충만을 받으라"라고 하세요. 술을 마시면 성령 충만과 멀어지기 마련이에요. 예수님을 믿는 성도에게 가장 행복한 삶은 성령님이 충만하게 역사하시는 거예요. 그런데 술을 가까이하면 성령 충만과 동떨어진 삶을 살게 됩니다.

이렇듯, 성경은 전반적으로 술에 대해서 매우 부정적으로 말해요. 우리에게 중요한 본보기는 성경의 가르침이에요.

담배는 어떨까?

성경에 '담배'라는 단어는 언급되지 않고 있어요. 그런데 왜 교회에서는 담배를 금할까요?

첫째, 담배는 약 4천 가지 화학물질이 들어 있고, 암을 비롯한 많은 질병을 유발하기 때문이에요. 이렇게 몸에 좋지 않은 것을 가까이해야 할 이유가 없겠지요.

둘째, 담배는 피우는 사람의 몸만 해치는 것이 아니라, 주변 사람들의 건강에도 해를 끼쳐요. 남에게 해를 끼치는 행위를 해서는 안 되기 때문에 담배를 금해야 해요.

셋째, 지금은 교회에서만 금연을 권하는 것이 아니라, 사회 곳곳에서 금연 운동이 강력하게 일어나고 있어요. 담배는 좋지 않은 기호 식품으로 분류되고, 금연이 흡연보다 훨씬 건강한 문화로 자리 잡고 있어요. 이러한 인식 속에서 크리스천이 좋지 않은 행위를 할 필요가 없어요. 이와 같은 이유에서 예수님을 믿는 청소년은 술과 담배를 멀리해야 해요.

교회 다니는 사람은 문신이나 헤나를 하면 안 되나요?

> "문신이나 헤나를 하는 친구가 있고, 그런 모습을 보면 멋있기도 해요. 교회 다니는 사람은 문신이나 헤나를 하면 안 되는 이유가 있나요?"

옛날에는 조폭과 같은 무리가 문신을 했다면, 요즘에는 거리에서도 타투를 한 사람을 꽤 많이 만나 볼 수 있어요. 청소년 중에서도 문신하는 경우가 있고요. 헤나는 피부 가장 바깥 표피층만 염색하기에 문신 대신 헤나를 택하는 경우도 많아요.

그렇다면, 성경에 문신에 대한 말씀이 있을까요? 있다면 어떻게 말하고 있을까요? 우선, 성경에서 문신에 대한 말씀은 레위기 19장 28절에 등장해요. "죽은 자 때문에 너희의 살에 문신을 하지 말며 무늬를 놓지 말라 나는 여호와이니라." 즉, 몸에 상처를 내거나 문신을 새기지 말라고 직접적으로 말하고 있어요. 그 이유가 중요해요. 당시의 문신은 우상 숭배를 주술적 목적으로 했기 때문이에요. 이러한 이유에서 AD 787년 이케아 공의회에서 황제 주도로 문신을 금지하기도 했어요.

크리스천 청소년이 문신을 하지 않길 바라는 이유

그런데 지금 문신을 하는 사람들 가운데 귀신을 쫓기 위한 경우는 없을 거예요. 그보다는 자기를 나타내기 위한 용도, 자기만족 용도이겠지요. 저는 문신을 하는 것이 죄라고 생각하지는 않아요. 그럼에도 불구하고 크리스천 청소년이 문신을 하지 않길 바라는데요. 거기에는 세 가지 이유가 있어요.

첫째로는 건강상의 이유 때문에 그래요. 문신에 사용하는 잉크의 안정성이 아직 증명되지 않았어요. 때로는 타투 염료로 인해 알레르기 반응이 생기기도 해요. 시술을 받은 부위가 감염되거나 염증이 생길 수도 있어요. 비후성 흉터가 만들어질 수 있고, 이물질의 함입으로 육아종이 생기거나, 건선 등 다양한 피부 질환이 만들어질 수 있어요.

두 번째로는 자기 몸을 우상화하기 때문에 그래요. 문신과 헤나가 많이 퍼지는 이유는 우리 시대의 외모지상주의 때문이에요. 자신의 외모를 최대한 드러내고 싶어 하는 시대의 요구가 크게 반영된 모습이라고 할 수 있죠. 하지만 우리 크리스천에게 중요한 것은 하나님은 외모를 보시는 분이 아니라 중심을 보시는 분이라는 점이에요. 우리 존재 자체가 이미 완벽하신 하나님의 형상인데, 그 모습에 만족하지 못한다는 뜻은 바로 자신의 몸을 우상화하고 있다는 방증이에요.

세 번째로 좋다고 다 따라 하는 것이 크리스천의 덕이 아닐 수 있기 때문이에요. 성경은 분명하게 강조해요. "너희는 이 세대를 본받지 말고"(롬 12:2)라고요. 바울은 고린도전서 10장 23-24절에서 이렇게 이야기해요. "모든 것이 가하나 모든 것이 유익한 것이 아니요 모든 것이 가하나 모든 것이 덕을 세우는 것이 아니니 누구든지 자기의 유익을 구치 말고 남의 유익을 구하라."

모든 것을 다 하는 게 좋은 것이 아니라, 덕을 세우는 것이 좋다는 뜻이에요. 그래서 바울은 만약 사람들이 자신을 이상한 시선으로 본다면, 육식을 끊겠다고까지 했어요. 문신을 하는 것이 다른 성도들을 시험에 들게 한다면 하지 않아야 해요.

네 번째로 말하고 싶은 것은 우리에게 진짜 필요한 문신은 '예수 문신'이라는 점을 강조하고 싶어요. 이 말은 몸에 '예수님' 글자나 얼굴을 새기라는 뜻이 아니에요. 바울은 자기 몸에 예수님의 흔적이 있다고 고백했어요(갈 6:17). 바울이 말한 예수님의 흔적은 예수님을 증거하다가 고문을 당하고 박해를 당한 육체적 흉터를 뜻해요. 어떤 학자는 바울의 몸을 벗겼더니 채찍 자국과 흉터가 엄청나게 많았다고 밝히기도 했어요. 바울의 이 모든 것이 예수님의 흔적이었어요.

예수님의 흔적

크리스천이 추구해야 하는 것은 예수님의 흔적이에요. 예수님 때문에 생긴 육체적인 흔적은 없다고 하더라도, 내 마음속에 예수님 믿는 사람의 흔적이 있어야 해요. 내 행동 속에서 예수님 믿는 사람의 흔적을 자꾸 남겨야 해요.

주님은 우리 몸에 십자가 문양을 새기기보다는, 마음속에 십자가를 품고 살길 원하실 거예요. 나를 위해 피 흘려 죽으신 예수 그리스도를 깊이 묵상하며, 그 예수님이 내 안에 살아 계시길 소망하도록 해요. 우리의 관심은 어떻게 하면 내가 더 멋져 보일까가 아니라, 어떻게 하면 예수 그리스도가 더 존귀케 되실까여야 합니다.

운세, 사주팔자, 타로는 왜 보면 안 되나요?

> "재미로 운세와 사주팔자, 타로점을 본 적이 있어요. 어떨 때는 신기하게도 제 상황에 너무 잘 맞더라고요. 크리스천은 이런 점 같은 것을 보면 안 되나요?"

 우리가 사주팔자나 점을 보는 이유는 미래에 대한 불확실성과 궁금증 때문이에요. '나중에 수능 몇 점이나 나올까?' '어떤 대학교에 들어가게 될까?' '어떤 이성을 만날까?' '얼마나 돈을 벌 수 있을까?' 이러한 것들이 궁금한 사람들의 심리를 이용해 점집이 만들어져요. 요즘에는 청소년들도 이런 곳을 쉽게 접할 수 있어요.

 실제로 주변에 보면 사주팔자를 믿는 사람도 참 많아요. 사주팔자가 무엇인지 알아볼까요? 사주(四柱)는 사람이 태어난 해(年), 달(月), 날(日), 시(時)를 네 개의 기둥이라고 해요. 그래서 어떤 사람의 사주를 알면 거기에 해당하는 여덟 글자가 나오는데, 그것을 팔자(八字)라고 하고 그 글자를 토대로 사람의 미래를 풀이해요. 이 사람이 출세를 할지, 부모나 형제에게 무슨 일이 일어날지, 어떠한 직업을 가질지, 언제 결혼을 할지, 좋은 일이 있을지, 나쁜 일이 있을지를 알아맞혀요.

청소년들이 쉽게 접할 수 있는 타로점은 고대 서양에서 게임용으로 만든 카드인데, 15세기 이후부터 점치는 데 사용하고 있어요. 큰 카드 패는 2장, 작은 카드 패는 16장으로 구성되고, 각 카드마다 상징하는 것이 있어요. 뽑은 카드의 의미는 모험, 야망, 정렬, 용기 등 다양하게 해석할 수 있다고 해요.

이러한 사주팔자나 점을 신뢰할 만하다고 할 수 있을까요? 전혀 그렇지 않아요. 그러면 사람들이 왜 사주팔자나 점을 볼까요? 간혹 잘 맞는 경우가 있기 때문이에요. 어떻게 사주팔자나 점이 정말 맞아떨어질까요? 첫째는, 우연히 맞힐 수 있어요. "너 이번에 대학교 합격할 거야"라고 했는데 우연한 일치로 맞힐 수 있어요. 두 번째는, 무속인의 경험으로 맞혀 내기도 해요. 사람의 고민과 궁금증에 대해서 많이 들어온 사람은 경험을 통해 적절한 해답을 줄 수 있기도 하거든요. 세 번째는, 사탄이 도와주는 경우도 있어요. 사탄은 공중 권세를 잡고 있기에, 믿지 않는 사람들의 인생에 개입해서 자기 뜻대로 끌고 가려 해요. 그렇게 사람들이 계속 사탄을 의지하도록 만들어요.

하나님은 미신과 주술을 어떻게 바라보실까?

사람들이 무속의 힘을 빌린 것은 매우 오래된 인류 역사이고 신명기 18장 9-14절에도 등장해요. 신명기는 성경의 연대로 보면, 지금부터 최소 3,500년 전은 될 거예요. 이때도 고대의 미신과 같은 주술 행위가 이미 성행했는데, 이에 대해 하나님은 어떻게 말씀하셨는지 살펴볼게요.

첫째, 미신과 주술 행위의 모습을 본받지 말아야 해요. 사람의 심리 중 하나는 많은 사람이 하면 따라 하는 거예요. 특히 용한 점집에서 미래에 일어날 일을 기가 막히게 알게 되었다고 하면, 더욱 궁금해지고 따라가고 싶어지죠. 하나님은 이러한 행위를 따르지 말라고 분명하게 말씀하세요.

둘째, 무당이나 점쟁이나 주술사를 없애라고 하셨어요. 하나님은 미신과 주술 행위를 정말 싫어하세요. 이스라엘 백성의 신앙을 혼탁하게 만들고, 하나님 절대 중심의 신앙에서 벗어나게 하기 때문이에요. 하나님은 성경 여러 곳을 통해서, 미신과 주술에 종사하는 이들을 쫓아내라고 하셨어요.

셋째, 신명기 18장 12절을 보면 하나님은 미신 행위를 가증하게 여긴다고 분명하게 말씀하세요. "이런 일을 행하는 모든 자를 여호와께서 가증히 여기시나니 이런 가증한 일로 말미암아 네 하나님 여호와께서 그들을 네 앞에서 쫓아내시느니라." 신앙 생활에서 중요한 것은 하나님이 싫어하시는 일은 하지 않는 것입니다.

인생의 모든 것은 하나님께 달렸기에

그렇다면 왜 하나님은 미신과 주술 행위를 반대하실까요? 우리 미래를 정확히 아시는 분은 하나님뿐이기 때문이에요. 다른 것은 모두 우리를 현혹하는 가짜에 불과해요. 특히 사탄 마귀는 우리가 하나님으로부터 벗어나 자기 쪽에 서게 하도록 주술을 사용해요.

이런 이야기를 종종 들어요. 어느 무당이 굿을 하는데, 하나님을 믿는 아이가 우연히 그 자리에 있게 되면서 굿을 더 이상 진행하지 못했다는 이야기요. 무당은 마귀의 힘을 빌려서 주술 행위를 해야 하는데, 하나님을 믿는 사람 때문에 마귀가 일하지 못한 거죠.

우리 인생의 모든 것은 하나님께 달려 있어요! 하나님은 우리를 사랑하셔서 앞길을 축복하세요. 우리에게는 하나님을 향한 절대적인 믿음만 있으면 됩니다. 점을 보지 않아도, 사주팔자를 보지 않아도, 염려할 것이 전혀 없어요. 하나님을 믿는 믿음만 있으면, 하나님의 선하신 인도하심이 따르기 때문이에요.

아이돌을 너무 좋아하는데, 이것도 죄인가요?

> "제가 좋아하는 아이돌이 있어요. 주변 친구들도 각각 좋아하는 아이돌이 다 있고요. 저는 그 아이돌을 너무 좋아해서 항상 생각이 나요. 수업 시간은 물론 심지어 예배 시간에도 생각날 때가 있어요. 아이돌을 너무 좋아하는 저, 어떤가요?"

청소년기가 되면 이성에 대한 관심이 커져요. 이성을 사귀는 경우도 있고, 직접 사귀지 못하더라도 홀로 좋아하거나 동경하는 경우는 꽤 많지요. 이러한 청소년에게 완벽해 보이는 외모와 몸매를 소유한 아이돌은 열광의 대상이자, 최고의 이상형이라고 할 수 있어요. 때로는 아이돌에 너무 빠져 하루 종일 그 아이돌 생각을 하거나, 사진과 영상에 몰두하기도 해요. 이러한 행동이 전혀 문제 될 건 없어요. 청소년기에 나타나는 매우 일반적인 현상으로, 죄라고 할 수 없어요.

하나님보다 더 사랑하는 것이 있다면

하지만 여기서 한 가지 짚어 볼 점이 있어요. 청소년이 좋아하는 젊은 가수나 그룹은 청소년에게 우상과 같은 존재라는 의미에서 아이돌(idol)이라고 불러요. 만약 지금 내가 좋아하는 특정 연예인이 정말 '우상'이라면, 그때는 큰 문제일 수 있어요.

십계명 중 제2계명을 보면 "너를 위하여 새긴 우상을 만들지 말고"라고 분명히 말씀하셨기 때문이에요. 하나님은 사람들이 우상을 만들고 섬기는 것을 원치 않으세요. 제2계명을 이어서 보면 "그것들에게 절하지 말며 그것들을 섬기지 말라"라고 해요. 하나님은 질투의 하나님이세요. 우리가 하나님만을 섬기고 사랑하는 대신, 다른 데 빠져 있는 것을 견디지 못하는 분이세요.

청소년에게 연예인만 우상이 될 수 있는 것은 아니에요. 하나님보다 더 사랑하는 모든 것은 다 우상이에요. 웹툰에 너무 빠져 있어서 하나님보다 우선순위가 되면, 웹툰도 우상이에요. 어떤 스포츠를 너무 좋아해서 하나님보다 먼저가 되면, 그 운동도 우상이에요. 특기, 취미, 심지어 공부도 우상일 수 있음을 기억하세요. 하나님보다 사랑하는 것은 모두 다 우상이에요. 엘리 대제사장은 자기 아들들을 하나님보다 더 귀하게 여겼어요(삼상 2:29). 그 죄로 집안 전체가 하나님의 심판을 받게 되었어요. 우리에게 하나님보다 더 귀하고 소중한 것이 있으면, 그 모든 것은 다 우상이에요. 유명 사찰에 가지 않아도, 불상 앞에 절하지 않아도 이미 우상을 섬기는 거예요.

점검해 볼 질문

따라서 지금 내가 좋아하는 아이돌이 나의 우상은 아닌지 잘 점검해야 해요. 다음의 네 가지 질문으로 함께 점검해 볼게요.

① 예배에 집중이 안 될 정도로 아이돌이 생각나나요?

주일 예배 시간에 사람 때문에 예배에 집중하기 힘들다면, 큰 문제입니다. 어쩌다 한 번이 아닌 계속 반복된다면, 나에게 그 대상은 우상일 확률이 꽤 높아요. 우상은 나를 예배의 실패자로 만든다는 사실을 기억하세요.

② 아이돌을 생각하다가 기도와 말씀으로부터 멀어졌나요?

영적인 활동 중 대표적인 것이 기도와 말씀이에요. 요즘 나의 기도와 말씀 생활을 점검해 보세요. 어떤 특정 아이돌에 빠지면서부터 기도와 말씀 생활에 소홀해졌다면, 아이돌이 나의 우상일 확률이 높아요. 우상은 하나님보다 다른 것에 더 집중하게 만들기 때문이에요.

③ 아이돌이 타인과의 관계에 문제를 주거나 삶에 지장을 주나요?

아이돌에 빠지기 전에는 친구나 부모님과의 관계에서 문제가 없었는데, 그 아이돌을 좋아한 이후로 다른 사람과의 관계에 문제가 생기고 삶에 부정적인 변화가 계속 찾아온다면, 잘못된 거라고 할 수 있어요. 하나님의 사랑은 우리 삶에 늘 긍정적인 영향을 심어 주세요. 반면 우상에 빠지면 부정적인 요소가 커져요.

④ 하나님을 향한 사랑의 고백이 식었나요?

어느 순간 내 입술에 하나님을 향한 사랑이 사라졌다면, 문제가 찾아왔다고 할 수 있어요. 우리는 두 신을 동시에 섬길 수 없도록 지음받았어요. 하나님 아니면 우상이에요. 우상에 대한 사랑이 커지는 것은 하나님을 향한 사랑이 식고 있다는 증거입니다. 사춘기 때 아이돌을 좋아하는 것은 지극히 자연스러운 경험이에요. 그러나 아이돌이 하나님 자리를 차지한다면, 그때부터는 우상이 되는 것이고 하나님이 싫어하시는 죄라는 사실을 꼭 기억하세요.

교회에서의 모습과 학교에서의 제 모습이 너무 달라요.

> "저는 솔직히 교회에서의 모습과 학교에서의 모습이 너무 달라요. 교회에서는 저를 괜찮은 학생으로 봐주시는데요. 사실 학교에서는 그렇게 좋은 모습이 아니에요. 어떻게 하면 제가 세상 속에서 온전한 크리스천으로 살 수 있을까요?"

먼저 다행인 것은, 질문한 청소년이 교회에서의 모습과 학교에서의 모습 사이의 차이를 인식하고 있다는 점이에요. 실은 최근 기독교가 비호감 종교로 전락한 이유 중 하나가 기독교인의 이중성 때문이에요. 교회에서는 좋은 성도의 모습을 가지고 있는데, 세상 속에서는 오히려 더 이기적인 모습을 보이기 때문이죠. 간혹 목회자 중에도 교회에서는 누구보다도 경건의 모습을 보이면서, 세상 속에서는 일반인도 짓지 않는 죄를 짓는 경우가 있어요. 이러한 이중적인 모습은 예수님도 무척 싫어하시던 모습이에요.

누가복음 18장에 보면, 바리새인과 세리의 기도가 등장해요. 이 둘은 당시 비교할 수 있는 계층이 아니었어요. 바리새인은 사람들 사이에서 가장 존경받는 종교인이었어요. 이들의 예배와 기도와 헌금과 금식하는 모습은 다른 이들과 비할 수 없을 정도였어요. 반면 세리는 동족의 피를 빨아먹는다며 사람들이 가장 싫어하고 비난하던 그룹이었죠.

그런데 예수님은 불쌍히 여겨 용서해 달라는 세리의 기도를 칭찬하시고, 종교적으로 뛰어난 모습을 보인 바리새인의 기도는 받지 않으셨어요. 그 이유가 무엇일까요? 바리새인의 이중성 때문에 그래요. 겉으로 볼 때는 믿음 생활을 무척 잘하는 것처럼 보였지만, 마음속에는 온갖 탐욕과 음욕과 죄악으로 가득 차 있었기 때문이에요.

중심을 보시는 하나님 기억하기

우리가 기억해야 할 것은 하나님은 우리 마음의 중심을 보신다는 사실이에요. 그 장소가 교회건 학교건 상관없이 어떠한 마음을 가지고 있느냐를 보세요. 그리고 마음의 중심이 빗나가면, 바로 책망을 받게 됩니다. 따라서 우리는 교회에서나 학교에서나 늘 하나님 보시기에 온전한 마음 상태 가운데 있어야 해요.

크리스천으로서 우리의 정체성을 이야기할 때, 사용된 명사가 '소금'과 '빛'이에요. 소금은 음식에 맛을 내는 역할을 하고 빛은 어둠을 밝히는 일을 해요. 예수님은 우리끼리 예수님 잘 믿는 사람으로 끝나는 것이 아니라, 세상 속에서 소금과 빛이 되라고 하셨어요. 크리스천이라면 악한 것으로 가득 찬 세상을 밝힐 수 있어야 해요. 아무 맛이 없고 소망 없어 보이는 이 세상에 맛을 내고 소망 있는 곳으로 만들어야 해요.

따라서 크리스천 학생에게 학교는 빛과 소금의 모습을 실천하는 장소여야만 해요. 무엇을 하든지 예수님의 이름으로 해야 하며, 감사의 모습이 있어야 해요.

어떤 청소년은 교회에서 예배드릴 때는 예수님의 이름을 높여드려요. 찬양을 얼마나 잘하는지 몰라요. 그런데 학교에서는 아무 거리낌 없이 욕설을 하며 지내요. 이러한 크리스천 청소년에게 주시는 말씀이 골로새서 3장 16-17절이에요.

"그리스도의 말씀이 너희 속에 풍성히 거하여 모든 지혜로 피차 가르치며 권면하고 시와 찬송과 신령한 노래를 부르며 감사하는 마음으로 하나님을 찬양하고 또 무엇을 하든지 말에나 일에나 다 주 예수의 이름으로 하고 그를 힘입어 하나님 아버지께 감사하라."

교회에서만 찬양하고 예배를 잘 드리는 게 아니라 "무엇을 하든지 말에나 일에 다 주 예수의 이름으로" 하라고 하세요. 학교에서 친구들과 있을 때, 내 입술은 여전히 예수님의 이름을 말할 수 있어야 해요. 학교에서 무슨 일이 있더라도 감사할 수 있어야 해요.

그렇다면 왜 많은 크리스천 학생이 교회에서처럼 학교에서 행동하지 못할까요? 우리 안에 있는 죄의 본능 때문에 그래요. 아무리 구원받은 하나님의 자녀라도 죄악 된 본성이 남아 있어요. 가만히 두면 우리는 선한 일을 하기 보다는 나쁜 일을 더 하게 됩니다.

성령님의 다스리심 받기

갈라디아서 5장 17절을 보면 '육체의 소욕'이 우리에게 있다고 해요. 육체의 욕심이 늘 우리 안에 있기에, 은혜받을 때는 잠깐 좋다가 다시 육체의 욕심에 이끌림을 받아요. 그렇다면 이러한 육체의 욕심을 이겨낼 방법은 무엇일까요?

바로 성령의 충만하심을 받아야 해요. 성령 충만이란 내 안에 계시는 성령님이 나를 강력하게 다스리시는 것을 말해요. 그래서 내 삶을 성령님이 지배하셔야 해요. 성령님이 나를 다스리시면, 내가 하고 싶은 대로 행동하지 않아요. 대신 성령님의 뜻대로, 즉 하나님 뜻대로 행동하게 되죠. 그리고 내 삶에 성령의 열매를 주렁주렁 맺게 됩니다. 그 장소가 학교든 가정이든 어디든 상관없이 성령의 지배를 받을 때, 성령의 열매가 나타나요.

따라서 이중적인 삶의 모습을 극복하기 위해서는 성령님과 함께 해야 해요. 성령 충만을 놓고 기도하세요. 성령님이 나를 다스려 달라고 기도하세요. 그럴 때, 나도 모르게 나의 행동이 놀랍게 변화하고 성장하는 경험을 할 수 있어요.

친한 친구랑 사이가 멀어졌는데, 어떻게 회복하면 좋을까요?

> "친하게 지내던 친구가 있는데요. 최근 어떤 한 사건을 계기로 친구와 멀어졌어요. 그런데 크리스천으로서 다시 그 친구와 관계를 회복하는 것이 맞다는 생각이 자꾸 들어요. 어떻게 하면 좋을까요?"

살면서 누구나 인간관계에서 문제가 일어날 수 있어요. 이런 경우 보통 예수님을 믿지 않는 사람들은 '안 보면 끝'이라고 해요. 정말 이상한 사람일 때는 '손절'하면 끝일 수 있어요. 그런데 크리스천은 이보다 더 좋은 방법을 선택해야 해요. 우선, 우리가 알아야 할 중요한 사실이 있어요. 바로 예수님이 이 땅에 오신 이유에 대해서입니다. 예수님은 하나님과 우리 사이의 막힌 담을 허물어 주시기 위해 오셨어요. 동시에 사람 사이의 막힌 담도 허물어 주세요. 그래서 예수님을 '화목제물'이라고 해요. 예수님이 우리에게 원하시는 바는 무너지고 깨어진 관계를 회복하는 거예요. 예수님은 마태복음 5장에서 하나님께 제물을 드리기 전에 먼저 형제와 화해하라고 하셨어요. 즉, 우리가 하나님께 예배드리기 전, 친구와 화해하지 않으면 하나님은 우리의 예배와 헌금을 받지 않으신다는 뜻이에요. 그만큼 예수님은 관계 회복을 중요하게 생각하시기에, 지금 고민 속에 있는 학생의 관계가 회복되길 응원해요.

관계 회복, 어떻게 할 수 있을까?

그렇다면 어떻게 친구와의 관계를 회복할 수 있을까요? 릭 워렌 목사님이 쓴 『목적이 이끄는 삶』을 보면, 상처와 갈등이 있는 관계를 해결하는 일곱 가지 방법이 나와요. 이 방법을 적용해 보면 좋겠다는 생각이 드네요.

① 사람에게 이야기하기 전, 하나님께 이야기하기

사람과의 관계에서 저지르는 가장 큰 실수는 이 사람, 저 사람에게 문제를 너무 많이 이야기한다는 점이에요. 다른 사람에게 이야기하면서 아무것도 아니던 문제가 오히려 더 커지는 경향을 보이기도 해요. 사람에게 관계의 문제를 이야기하기 전에 하나님께 이야기해야 해요. 그럴 때 하나님이 우리의 상한 감정을 치유해 주세요. 생각지도 않게 상대방의 마음을 돌려놓기도 하신답니다. 꼭 먼저 하나님께 이야기하길 바랄게요.

② 친구에게 먼저 다가가기

누가 먼저 잘못했는지가 중요하지 않아요. 하나님은 크리스천 청소년이 먼저 움직이길 바라세요. 친구가 나에게 연락하기를 기다리지 말고 꼭 먼저 다가가세요. 하나님께 그 친구와의 만남을 위해서 기도했다면, 이제는 그 친구에게 연락을 취하세요.

③ 친구의 감정에 공감하기

친구를 만나면, 우선은 친구 이야기 듣는 데 집중하길 바라요. 이때, 들으면서 잘잘못을 따지면 안 돼요. 왜 친구의 감정이 상했는지, 왜 우리 사이에 오해가 생겼는지 들어주는 것이 필요해요. 한참 듣다 보면 정말 아무것도 아닌 일로 틀어진 것을 발견할 때도 있어요. 상대방의 감정을 이해하고 공감하는 연습이 필요해요.

④ 나에게도 잘못이 있음을 고백하기

우리가 가장 잘하지 못하는 것이 내 잘못을 보는 것, 내 잘못을 인정하는 거예요. 우리는 늘 상대방 탓을 하고, 상대방 문제만 봐요. 오죽하면 예수님도 마태복음 7장 3절에서 이렇게 말씀하셨을까요? "어찌하여 형제의 눈 속에 있는 티는 보고 네 눈 속에 있는 들보는 깨닫지 못하느냐"라고요. 하나님께 기도할 때, 아주 작은 잘못이라도 내 잘못을 먼저 보게 해 달라고 구하세요. 그리고 친구에게 그 잘못을 인정하고 용서를 구하세요.

⑤ 상대방을 비난하지 말고 문제를 보기

우리는 보통 문제를 보기보다는 사람을 봐요. 그리고 그 사람을 인정사정없이 비난할 때가 많아요. 결코 사람을 비난하지 마세요. 대신, 문제를 보고 해결 방안을 함께 찾아가는 지혜가 필요해요.

⑥ 할 수 있는 한 협력하기

더불어 살아가기란 쉬운 일이 아니에요. 요즘 같은 핵가족 사회 속에서 협력은 참 어려워요. 하지만 성경은 우리에게 늘 협력하고 하나가 되라고 이야기해요. 그러기 위해 내 자존심과 이익을 포기하고 상대방에게 맞춰 주는 마음이 필요해요.

⑦ 해결이 아닌 화해하기

해결은 문제에 초점을 맞추는 것이고 화해는 관계에 초점을 맞추는 거예요. 이렇게 화해에 먼저 힘쓴다면, 나도 모르는 사이에 문제도 해결될 거예요. 이 일곱 가지를 실천해서 친구와 다시 좋은 관계를 이어 가기를 응원할게요.

부모님과 사이가 좋지 않고 대화도 별로 없어요. 어떻게 해야 나아질까요?

> "저는 부모님과 관계가 정말 좋지 않아요. 그래서 집에서는 서로 대화도 거의 하지 않고 지내고요. 어떻게 하면 부모님과의 사이가 나아질 수 있을까요?"

먼저, 이 질문을 하는 친구의 마음이 참 예쁘네요. 보통 청소년기에 부모님과 관계가 좋지 않을 경우, 문제를 해결하지 않고 가려는 경향이 더 많거든요. 그런데 이 상황을 해결해 보려는 마음 자체가 너무 귀해요. 우리 친구와 부모님의 관계가 멀어진 데는 분명 계기가 있을 거예요. 갓 태어났을 때부터 부모님과 관계가 나쁘진 않았을 테니까요. 가정에 어떤 사건이 있었다든지, 부모님이 무슨 힘든 일을 겪으셨다든지, 아니면 친구가 사춘기를 겪으면서 관계가 좋지 않아졌을 수 있어요.

먼저 이해하기

모든 것에는 다 이유가 있어요. 왜 우리 친구에게 부모님이 무섭게 대하실까요? 아니면 관심 없어 보이실까요? 보통 부모님들은 아픔과 상처를 자녀에게 다 말하지 않는답니다. 상처를 가지고 계시는 부모님도 꽤 많아요. 어렸을 때 성장 과정에서 아픔을 경험했는데, 그때 받은 상처가 치료되지 않은 채로 자녀들을 대하는 때도 있고요. 또한 부모님의 가정 형편이 무척 좋지 않아서 좋은 돌봄 없이 자라, 자녀들을 잘 돌보지 못하는 일도 있어요. 실수에 대한 트라우마가 남아 있는 경우, 자신이 청소년기에 실수했던 모습이 자녀에게 나타나면 그 모습을 견디지 못하기도 해요.

이것 말고도 지금 가정에 자녀가 너무 많다든지, 자녀 중 아픈 아이가 있다든지 등의 여러 이유로 부모님이 양육에 대한 많은 스트레스를 받아 자녀에게 다정하지 못할 수도 있어요. 이 질문을 한 친구의 가정 상황을 정확히 다 알 수는 없지만, 부모님 나름의 무슨 어려움의 이유가 있다는 사실을 한 번쯤 생각해 보면 좋을 것 같아요.

부모님 중 감정 표현이 약한 분도 있다는 사실을 알면 좋겠어요. 조부모님이나 증조부모님 시대를 보면, 부모란 엄한 존재였어요. 사랑은 마음으로 표현하는 것이라고 믿으며 엄하게 자녀들을 키웠어요. 그런 환경에서 성장한 부모님들은 지금도 자녀들을 엄하게만 대하고, 사랑을 표현하지 못할 수 있어요. 특히 아버지들의 사랑 표현이 서툰 경우가 꽤 많아요. 한국의 아버지들을 대상으로 한 설문

조사를 보면, 마음으로는 사랑하지만 표현하지 않고 산다는 응답이 많았어요.

기도하고 다가가기

부모님과의 관계 회복을 위해 간절히 기도하세요. 이게 엄마의 문제인지, 아빠의 문제인지, 아니면 우리 친구의 문제인지, 모두의 문제인지는 주님만이 아실 거예요. 주님의 특기가 우리 마음을 치유하시는 거예요. 주님은 막힌 담을 허물기 위해 이 땅에 오셨어요. 간절한 마음으로 부모님과 좋은 관계를 유지하고 싶다고 기도하세요. 좋은 관계를 만들 수 있는 지혜의 길을 달라고 요청하세요. 반드시 주님이 들으시고 좋은 방법을 주실 거예요.

직접 말로 하기 어려운 내용은 글로 쓰면 꽤 효과가 좋아요. 지금 내 마음의 상태를 알려 보고, 부모님과 좋은 관계를 유지하고 싶다고, 진심을 담아 편지를 써 보세요. 보통 부모님들은 그 편지를 받으면 먼저 움직이시고 관계 회복에 힘쓰실 거예요.

우리 친구가 이 사실을 꼭 알면 좋겠어요. 지금 비록 부모님과 관계가 좋지 않지만, 부모님은 여전히 자녀를 사랑하고 있다는 것을요. 자녀를 사랑하는 것을 내색하지 못하는 분도 많아요. 뿐만 아니라 부모님이 너무 바쁘셔서 친구를 세심히 챙기지 못할 수도 있어요. 부모님이 사랑을 충분히 표현해 주시면 참 좋겠지만, 혹 그렇지 않더라도 알아야 할 사실은 자녀를 사랑하고 있다는 거예요.

저는 어렸을 때, 아버지랑 대화를 나눈 기억이 거의 없어요. 아버지는 엄하고 무서운 분이셨거든요. 제가 중학교 2학년 때 아버지께서 교회를 개척하셨어요. 가족 모두 신도시로 이사하게 되었는데 전학한 학교가 너무 멀고 버스도 다니지 않는 거예요. 그래서 아버지는 어려운 개척 교회 형편에 중고 자전거를 하나 사 주셨는데, 일주일 만에 자전거를 도둑맞았어요. 아버지께 죄송하기도 했고, 혼날 생각을 하니 앞이 캄캄했지요. 그런데 아버지는 아무 혼을 내지 않으시고 다음 날 다시 자전거를 사 주셨어요. 정말 어려운 형편이었는데도 아버지는 저를 위해 다시 큰 지출을 하신 거죠. 늘 표현이 없으시던 아버지의 그 모습에 감동한 기억이 나네요. 자식을 사랑하지 않는 부모는 세상에 거의 없어요. 이번을 계기로 부모님의 사랑을 확인하고, 이를 통해 관계를 회복하길 소망해요.

학교 급식 시간에 꼭 기도해야 하나요?

"급식실에는 사람도 많고 친구들도 같이 있는데, 혼자 기도하려고 하면 창피하게 느껴질 때가 많아요. 급식 시간에 기도하지 않으면 하나님이 저를 싫어하실까요?"

 청소년기에 가장 부담스러운 것은 다른 사람의 시선이에요. 모두가 나를 쳐다보고 있다는 생각이 들어요. 내 헤어스타일, 옷, 행동 하나하나까지 누군가 다 지켜보는 것 같이 느껴지고요. 모두가 나를 쳐다보는 것 같은데, 급식실에서 홀로 눈을 감고 식사 기도하기란 엄청나게 부담스러운 일이에요.

 그렇다면 다른 친구들의 시선이 부담스러워서 기도를 포기하는 것이 옳을까요? 식사 기도가 가지고 있는 몇 가지 중요한 점을 알려 드릴게요.

식사 기도는 신앙 고백이다

식사 기도는 가장 기본적인 신앙 고백이에요. 그래서 예수님도 주기도문을 가르쳐 주시면서, 이런 기도를 넣으셨어요. 마태복음 6장 11절을 보면 "오늘 우리에게 일용할 양식을 주시옵고"라고 해요. '일용할'이라는 말은 오늘 필요한 양식이라는 뜻이에요. 즉, 오늘 필요한 음식을 주신 것에 대해 꼭 기도하라고 하셨어요. 우리는 국가에서 무상으로 급식을 제공해 준다고 생각하죠. 아니면, 부모님이 낸 세금으로 받기에 매우 당연하게 생각해요. 하지만 하나님의 손길이 아니면 우리는 한 끼의 식사도 할 수 없어요. 한 끼 식사가 결코 쉽거나 단순한 일이 아니에요. 하나님의 놀라운 은혜가 있기에, 오늘 우리가 밥을 먹을 수 있어요.

급식을 먹기 전에 기도하는 것은 "오늘도 하나님의 은혜로 음식을 제공받았습니다. 하나님이 나를 사랑해 주셔서 이 음식을 주셨습니다"라는 일종의 신앙 고백이에요. 신앙 고백은 예배 시간에만 하는 것이 아니에요. 우리 일상의 삶에서 필요해요. 급식 시간에 드리는 잠깐의 기도 또한 내가 믿는 하나님을 향한 신앙 고백의 시간이라는 것을 잊지 마세요. 매우 중요한 기도입니다.

식사 기도는 감사의 실천이다

하나님이 원하시는 삶의 중요한 습관이 감사입니다. 특히 하나님을 믿는 사람은 감사의 입술을 달고 살아야 해요. 에베소서 5장 4절을 보면 "오히려 감사하는 말을 하라"라고 해요. 감사를 실천하는 것은 하나님을 믿는 정체성을 나타내기 때문이죠. 데살로니가전서 5장 18절에서는 "범사에 감사하라 이것이 그리스도 예수 안에서 너희를 향하신 하나님의 뜻이니라"라고 해요. 하나님은 우리 삶의 모든 순간에 감사하라고 하셨고, 이것이 하나님 뜻이라고 하셨어요. 따라서 급식 시간의 기도는 오늘도 나에게 음식을 주신 데 대한 감사를 실천하는 시간이에요.

식사 기도는 하나님의 자녀로 인정받게 한다

하나님은 우리가 하나님의 자녀로 살길 원하세요. 단지 교회에서만이 아닌 학교와 우리 모든 일상에서 하나님의 자녀로 살길 바라세요. 그러면 언제 하나님이 우리를 자녀로 인정하실까요? 이에 대한 답은 마태복음 10장 32-33절에 "누구든지 사람 앞에서 나를 시인하면 나도 하늘에 계신 내 아버지 앞에서 그를 시인할 것이요 누구든지 사람 앞에서 나를 부인하면 나도 하늘에 계신 내 아버지 앞에서 그를 부인하리라"라고 나와 있어요.

식사 기도는 사람들 앞에서 하나님을 시인하는 행동이에요. 그 순간에 하나님도 나를 하나님 자녀로 시인해 주세요. 반대로 내가 창피하다고 해서 식사 기도를 하지 않는다면 그것은 사람들 앞에서 하나님을 부인하는 행동과도 같아요. 이때, 하나님도 나를 부인하신다는 사실을 기억하길 바랄게요. 식사 시간의 기도 하나를 통해 하나님의 자녀로 인정받느냐 못 받느냐가 결정될 수 있어요. 그만큼 중요하다는 뜻이에요.

사도 요한의 마지막 제자 폴리캅은 서머나교회를 목회하고 있었이요. 이때 로마 황제를 숭배하지 않고 예수님을 믿는다는 죄목으로 끌려갔는데, 로마 군인은 이런 제안을 해요. "십자가 앞을 지날 때, 고개만 살짝 돌리면 네가 예수를 버리고 황제를 섬기는 것으로 인정해 살려 주겠다." 하지만 폴리캅은 이렇게 말했다고 해요.

"나는 지금까지 86년간 주님을 섬겼다. 주님은 한 번도 나에게 고개를 돌리신 적이 없는데, 내가 어떻게 주님 없는 쪽으로 고개를 돌리겠는가?"

이 말을 마지막으로 폴리캅은 화형을 당해 죽고 말아요. 폴리캅은 끝까지 주님을 인정했어요. 사람들 앞에서 주님을 시인했어요. 사람들 앞에서 내 믿음을 드러낼 때, 그 믿음이 더욱 온전해짐을 믿어요. 식사 기도가 바로 그 시간 중 하나라는 사실을 꼭 기억하세요.

학교에서 기도 모임을 만들고 믿음의 공동체를 세우고 싶어요. 방법을 가르쳐 주세요.

> "학교에서 친구들과 함께 기도하는 모임, 또 서로의 믿음을 격려하는 모임을 만들고 싶어요. 교회에서만이 아니라 학교에서도 예배자로 살고 싶은데, 과연 가능할까요? 방법을 가르쳐 주세요."

하나님은 우리를 예배자로 부르셨어요. 그 말은 교회에서만 예배자로 살아갈 것이 아니라 우리가 머무는 삶의 여러 현장에서도 하나님께 예배를 드리라는 뜻이에요.

그런 의미에서 학교에 다니는 크리스천 청소년이 학교 안에서 기도하고 예배하는 모습은 매우 귀해요. 내가 밟는 모든 땅을 하나님 나라로 만들겠다는 굳은 의지의 표현이기도 해요. 저는 대한민국의 모든 크리스천 청소년이 학교에서도 예배하고 기도할 수 있으면 좋겠어요.

왜 청소년이 학교에서 예배하고 기도해야 할까?

왜 우리가 학교에서 예배하고 기도해야 할까요? 대한민국 공교육 현장이 많이 무너져 있기 때문이에요. 과거처럼 선생님을 존경하던 모습이 사라졌고, 교권은 바닥을 치고 있어요. 이것은 결코 하나님이 기뻐하시는 학교의 모습이 아니에요. 교사를 통해 좋은 교육을 제공받고, 학생의 전인격적인 성숙과 성장이 일어나며, 꿈과 비전을 찾고 친구들을 사귀며 좋은 관계를 맺는 곳이어야 해요. 그런데 학교가 그저 입시를 위한 내신을 따는 곳, 친구를 만나는 기관 정도로 전락해 버렸어요. 대한민국 학교는 지금 엄청난 위기 가운데 놓였다고 할 수 있어요. 그래서 믿음의 학생들이 학교에서 기도해야 해요.

이렇게 무너진 대한민국 공교육 현장을 누가 바꿀 수 있을까요? 대통령이요? 교육부 장관이요? 교육감이요? 학교장이요? 교육 현장은 학생들이 바꿔야 해요. 다른 학생이 아닌, 하나님을 믿는 우리 크리스천 청소년이 바꿔 나가야 해요. 학교에 다니는 크리스천 학생이라면, 내 교실을 바꿔야겠다는 사명이 반드시 있어야 해요. 이 움직임으로 학교를 또 교육 현장을 살릴 수 있기 때문이에요.

학교에서의 모임, 어떻게 만들까?

가끔 학교에서의 종교 활동이 법적으로 문제가 되지 않느냐고 묻는 분들이 계세요. 미션 스쿨이 아닌 일반 공립학교에 목사님이나 교회학교 선생님이 들어오면 문제가 될 수 있어요. 그러나 대한민국 헌법은 종교의 자유를 말해요. 이는 학생들이 쉬는 시간이나 점심 시간에 자발적인 종교 행위를 할 수 있다는 뜻이죠. 이를 더 확인하기 위해 학생들의 자발적인 종교 행동에 대한 내용으로 문화체육부에 문의했는데, 전혀 문제가 없다는 장관 명의의 공문이 내려온 적도 있어요. 학생들의 자발적인 예배 모임이나 기도 모임은 누구도 막을 수 없어요. 질문한 친구가 학교에서 예배 모임이나 기도 모임을 만들고 싶다면, 이러한 과정을 거치는 것이 좋아요.

① 먼저 학교 모임을 놓고 충분히 기도로 준비해요. 그럴 때 생각지도 않은 도움의 손길이 찾아오는 것을 느낄 거예요.
② 기도하며 함께 할 동역자를 찾아요. 혼자 하는 기도 모임보다 여러 명의 동역자가 있으면 더 큰 힘이 생겨요.
③ 공간을 제공해 줄 수 있는 선생님을 찾도록 해요. 기도 모임 때 고정적인 장소가 있으면 매우 좋거든요. 보통 음악 선생님들이 교회를 많이 다니신다는 힌트를 드릴게요. 원어민 선생님께 장소 요청을 하는 것도 좋은 방법이에요.
④ 자율 동아리를 만들어요. 이 방법은 매우 간단하고 쉬워요. 같은 뜻을 가진 친구들과 더불어 학교에 신청하면 웬만하면 다 승인해 줄 거예요. 자율 동아리가 되면, 모임 때 교회 목사님이나 전도사님, 선생님을 초청할 수도 있어요.

⑤ 기도 모임 지속을 위해서는 선후배 간의 영적인 돈독함이 필요해요. 힘들게 만든 기도 모임이 1-2년 후에 없어지는 경우를 많이 봅니다. 이 모임이 후배들에게까지 지속되도록 서로 영적인 돈독함을 유지할 필요가 있어요.

대한민국 모든 학교에 기도 모임이 생길 그날까지

저는 청소년 사역을 하면서, 학교 안에서 기도 모임 만들기를 계속 소망했어요. 우리 청소년들이 다니는 학교가 하나님의 땅이 되길 원해서였어요. 그렇게 몇몇 고등학교에서 시작된 학교 기도 모임이 중학교로 연결되었고, 그 도시의 모든 중고등학교에 기도 모임을 만들었어요. 심지어 초등학교에도 기도 모임이 생겼어요.

하나님이 기뻐하시는 비전이라면, 하나님이 이루어 주세요. 그리고 도우신답니다. 학교에서 기도와 예배 모임을 꼭 만들 수 있길 소망하고 응원할게요.

고등학교 진학 이후에 믿음이 많이 떨어졌어요. 어떻게 하면 좋을까요?

"저는 이상하게 고등학교에 올라간 다음부터 믿음이 많이 떨어졌어요. 어떨 때는 주일에 교회를 빠지기도 해요. 아무래도 공부에 대한 부담이 영향을 주는 것 같아요. 제 믿음의 회복을 위해 무엇을 어떻게 하면 좋을까요?"

많은 학생이 고등학교에 올라가면서 중학교 때보다 훨씬 바빠져요. 학교와 학원도 더 늦게 끝나고 공부의 양이 압도적으로 많아지지요. 내신이 바로 대학 입시와 연결되기에 시험에 대한 압박도 훨씬 커지고요. 고등학교에 입학하면 누구나 이런 부담과 압박을 받아요. 그래서 그간 한 번도 빠진 적이 없는 교회에 빠지기도 하고, 수련회 참석을 앞두고 고민도 하게 됩니다. 환경의 변화로 실제 많은 학생의 믿음이 떨어지고 있어요. 그렇다면 믿음을 회복하기 위해 무엇이 필요할까요?

마음을 하나님으로 채우는 훈련

우리 안에 찾아드는 불안과 염려는 하나님이 주신 마음이 아니에요. 하나님이 주시지 않은 것이 우리 마음속에 가득 찰 때 믿음이 떨어지게 됩니다. 디모데후서 1장 7절 말씀을 보면 "하나님이 우리에게 주신 것은 두려워하는 마음이 아니요 오직 능력과 사랑과 근신하는 마음이니"라고 해요. 하나님은 결코 우리에게 두려움과 걱정의 마음을 주지 않으세요. 지금 우리 친구는 하나님이 주시지 않은 마음이 장악하고 있는 거예요.

그렇다면 하나님이 주시지 않은 이 불안과 염려의 마음을 먼저 떨쳐 버리는 것이 필요해요. 어떻게 해야 가능할까요? 내 마음을 하나님으로 채우면 됩니다. 사람의 마음은 늘 무언가로 채우게 되어 있어요. 그 마음을 하나님으로 채운 사람이 있고, 세상의 걱정과 염려로 채운 사람이 있어요. 마음속에 하나님이 가득 차면, 염려와 근심은 자연스럽게 사라져요.

하나님을 우리 마음에 모시기 위해서는 영적인 훈련이 필요해요. 영적인 훈련이란 기도와 말씀이에요. 아마 지금 질문하는 친구는 기도와 말씀이 삶에서 작동하지 않고 있을 거예요. 그럴 여력도 없을 거고요. 영적인 회복을 위해서 때로는 연습이 필요해요. 하기 싫어도 계속 시도하고 노력해 보는 연습이요. 힘들겠지만 시간을 정해 놓고 짧게라도 매일 기도하는 연습을 해 보세요. 시간을 정해 놓고 성경을 조금이라도 보도록 해요. 이런 훈련을 하다 보면 나도 모르게 내 안에 하나님이 들어오시는 경험을 할 수 있어요. 그럴 때, 어느 순간 마음속의 근심과 염려가 사라져요.

내 인생이 하나님의 소관이라는 사실을 인정!

공부는 무조건 많이 한다고 잘하는 게 아니에요. 또 공부를 잘한다고 시험을 잘 보는 것도 아니고, 꼭 좋은 대학에 가는 것도 아니에요. 내 삶의 주관자는 하나님이세요. 이 사실을 인정하고 살아가는 것이 필요해요. 앞길은 하나님이 열어 주실 때 비로소 열려요! 지금 하는 공부가 내 공부고, 내 인생에서 너무 중요하다는 강박이 있다면, 그 마음을 하나님 앞에 내려놓아야 해요. 내 학업과 인생이 결국 하나님께만 달려 있다는 믿음이 필요해요. 그럴 때, 나 자신이 아닌 하나님만을 의지할 수 있어요.

믿음의 사람이 세상을 사는 방법

저는 고등학교 시절, 주일날 공부해 본 적이 없어요. 온전한 주일 성수를 하고 싶었기 때문이에요. 당시 교회 목사님이 설교 시간에 자주 하신 말씀이 '하나님의 창조 원리'였어요. 사람은 6일을 일하고 하루는 쉬도록 설계되었다는 말씀이에요. 그래서 6일만 일해도, 7일을 사는 데 아무런 지장이 없다는 거죠. 학생들의 공부 역시, 월요일에서 토요일까지만 공부해도, 7일 공부하는 친구들에 비해 어떠한 불이익이 오지 않는다고 말씀해 주셨어요. 저는 그 말씀을 믿고, 어떤 경우에도 주일에는 공부하지 않았어요. 월요일이 중간고사나 기말고사 시작이어도요. 결과는 어떠했을까요? 성적이 떨어지거나 나빠지지 않았어요. 고3 때 모두가 주일에도 학교에서 공부할 때 홀로 교회에서 보냈지만, 성적은 올라갔어요.

믿음의 사람이 인생을 사는 방법은 오직 믿음이에요. 우리가 의지할 대상은 세상의 교육 시스템이나 정보와 지식이 아니라 하나님이에요. 이 연습을 지금부터 하면, 나중에 성인이 되어서도 견고한 믿음으로 세상에서 승리할 수 있어요. 지금 어찌 보면 공부로 인한 유혹 속에 놓여 있어요. 하나님을 위해서 시간을 사용하는 대신, 오직 나 자신을 위해서만 시간을 쓰라는 사탄의 유혹이에요. 이 모든 것을 이길 유일한 방법은 믿음, 믿음의 길이에요.

히브리서 11장 6절을 보면 "믿음이 없이는 기쁘시게 못하나니 하나님께 나아가는 자는 반드시 그가 계신 것과 또한 그가 자기를 찾는 자들에게 상 주시는 이심을 믿어야 할지니라"라고 해요. 믿음으로만 나아가면, 하나님이 주시는 놀라운 상을 받게 됩니다.

교회 예배가 너무 지루해서 가기 싫어요.

"교회 청소년부 예배가 너무나도 지루해요. 설교도 분반 공부도 견디기 힘든 시간의 연속이에요. 그래서 교회에 가기 무척 싫은데 어떻게 하면 좋을까요?"

세상에 지루한 것을 좋아하는 사람은 없을 거예요. 다들 재미있는 걸 좋아해요. 유튜브 영상만 해도 재미있는 게 너무 많은데, 문제는 교회에 재미있는 게 너무 없다는 거죠. 특히 예배 시간은 지루할 때가 많아요. 청소년 대부분에게 설교 시간과 분반 공부 시간은 가장 빨리 끝나길 소망하는 시간일 거예요. 이렇게 예배가 너무 재미없어서 교회에 가기 싫은 마음이 들 때가 있는데, 이런 마음이 찾아오면 정말 교회에 가지 않아도 괜찮을까요? 먼저 예배에 대해 잘 알아보도록 해요.

예배란 무엇일까?

예배는 영어로 'worship'인데, '가치(worth)'와 '신분(-ship)'의 합성어랍니다. 즉, 가치 있는 분께 영광과 존경을 표시하는 것이 예배입니다. 오직 우리의 창조주이시고 구원자이신 하나님께 영광과 찬양을 드리는 것을 의미해요. 따라서 예배에서 중요한 것은 이 예배를 받으실 하나님이에요. 예배는 내 만족과 내 기쁨을 채우는 행위가 아니라는 뜻이지요.

어떤 사람은 은혜를 받기 위해서 예배를 드리는데, 이것도 엄밀히 말하면 잘못된 거라고 할 수 있어요. 예배는 오직 하나님의 영광을 위해서 우리가 올려 드리는 것이고, 은혜는 선물로 받는 거예요. 따라서 예배가 재미있어야 한다, 좋아야 한다는 것은 다 사람의 기준이고, 잘못된 표현이에요. 무엇보다 예배의 이 의미를 잘 알면 좋겠어요.

하나님이 찾으시는 사람

하나님은 예배하는 사람을 정말 좋아하세요. 요한복음 4장 23절에 보면 예배하는 자들을 찾으신다고 나와 있어요. 하나님은 세상의 많은 사람 가운데 하나님의 이름을 높여 드리는 예배자를 좋아하시고, 그들을 늘 찾고 계세요. BTS를 좋아하고 응원하는 아미(army)라는 팬클럽이 있어요. BTS에게 아미는 정말 귀하고 소중할 거예요. 그 이유는 목숨을 다해서(?) BTS를 따르기 때문이에요.

세상에 많은 사람 중 하나님이 찾으시는 사람은 오직 하나님만을 갈망하고 소망하는 '예배자'입니다. 요한복음 4장 23-24절에 의하면 "영과 진리로 예배하는" 사람이라고 해요. 하나님은 예배드리는 자들을 가장 좋아하시고 늘 찾고 계신다는 사실을 기억하길 바랄게요.

하나님이 아파하시는 모습

청소년들이 온라인 예배를 드릴 때, 예배 화면 말고 다른 화면을 켜 두고 예배드리는 척하는 모습을 너무나도 많이 봤어요. 코로나 이후 다른 것보다 예배 회복이 가장 안 되고 있어요. 아직도 많은 청소년이 주일 예배에 지각하고 아무런 관심 없이 한 시간을 그저 버티다 집에 가는 경우가 허다해요. 하나님은 이러한 모습을 보면서 가슴 아파하세요.

혹시라도 지금 다니는 교회에 예배가 무너져 있다면, 그 예배를 보며 가슴 아파하시는 하나님의 마음을 느껴 본 적 있나요? 이 질문을 해 온 친구의 교회에 예배자가 없어서 하나님이 아무도 찾지 못하시지는 않나요? 그러한 청소년부 예배를 위해 아픈 마음으로 기도해 본 적 있을까요? 하나님 아버지의 마음을 느끼며, 청소년부 예배를 온전히 세우는 데 힘쓰길 바랄게요. 예배가 재미없어서 교회에 가기 싫다는 것은 친구의 믿음이 그만큼 떨어졌다는 뜻이에요.

과거 할아버지 할머니 시절에는 시골에서 1시간씩 걸어서 예배를 드리러 가곤 하셨어요. 모든 마을마다 교회가 있는 게 아니었기에, 먼 거리를 걸어가서 예배를 드려야만 했어요. 좋은 예배, 재미난 예배를 논하는 것이 아니라 교회에서 하나님께 예배를 드릴 수만 있다면, 그것으로 충분하셨어요.

사탄은 늘 여러 가지 방법으로 우리를 유혹해요. 오늘도 교회에 가기 싫은 이러저러한 핑계를 계속 우리에게 심어 주고 있어요. 절대로 사탄의 잔꾀에 넘어가지 않길 바라요. 교회에 가기 싫은 마음은 사탄이 준 것이라는 사실을 꼭 기억하며, 하나님이 찾으시는 사람이 되길 축복합니다.

기도하면 하나님이 정말 다 들어주시나요?

"교회에서는 기도하면 하나님이 들어주신다고 이야기하던데, 정말 그럴까요? 그렇다면 제가 무엇을, 어떻게 기도하면 좋을까요?"

하나님은 우리의 아버지이시기 때문에, 자녀의 기도를 반드시 들어주세요. 성경에 보면 하나님이 들으신다는 표현이 자주 등장해요. 대표적인 말씀이 요한일서 5장 15절로 "우리가 무엇이든지 구하는 바를 들으시는 줄을 안즉"이라고 나와 있어요. 또한 마태복음 7장 7절을 보면 "구하라 그리하면 너희에게 주실 것이요"라고 분명하게 말해요.

성경은 나쁜 아버지와 하나님을 비교해서 설명해요. 세상의 나쁜 아버지라도 자녀의 요청이라면 좋은 것으로 응해 주지요. 그러니 우리가 구할 때 하나님 아버지께서 가장 좋은 것을 주시는 건 당연해요. 이것이 성경의 말씀이에요. 하지만 내 모든 기도에 하나님이 듣고 응답하신다는 것에 동의하지 않는 청소년도 있을 거예요. 하나님이 응답하시지 않는다고 느낄 때가 많기 때문이죠.

가령, 시험을 앞두고 점수 좀 올라가게 해 달라고 기도했는데 오히려 점수가 떨어져요. 편찮으신 할아버지의 건강을 지켜 달라고 기도했는데 결국 돌아가시고 말아요. 좋은 일만 일어나게 해 달라고 기도했는데 나쁜 일이 자꾸 찾아올 때, 하나님이 듣지 않으신다는 마음이 들 수 있어요.

하나님의 세 가지 응답

히브리서 11장 6절에 보면, 우리에게 하나님을 이렇게 믿으라고 해요. "그가 계신 것과 또한 그가 자기를 찾는 자들에게 상 주시는 이심을 믿어야 할지니라." 하나님의 존재를 믿고, 하나님께 구하는 자들에게는 늘 응답을 주신다는 믿음이 우리에게 필요해요. 하나님은 반드시 살아 계시고, 우리의 모든 기도를 들으세요. 우리의 기도에 대한 하나님의 응답은 세 가지 유형으로 찾아와요.

첫 번째는 "Yes"라는 응답이에요. 하나님이 우리의 기도를 들으시고, 이 기도는 지금 곧장 답을 해야겠구나 싶으시면 바로 응답해 주세요.

두 번째는 "Wait", 말 그대로 기다리라는 응답이에요. 하나님이 우리의 기도를 들으시면서 이 응답은 지금 바로 하는 것보다 나중이 좋을 것 같다고 여기실 때, 하나님은 기다리라고 하세요. 실제로 우리의 기도를 보면, 하나님이 응답하시는 타이밍이 있어요. 우리는 늘 지금 당장 응답이 필요하다고 생각하지만, 하나님은 더 좋은 타이밍으로 연기하실 때가 있어요.

세 번째는 "No"라는 거절의 응답이에요. 만약 다섯 살 아이가 아빠한테 식칼을 사 달라고 요청한다면, 아빠는 당연히 거절할 거예요. 위험하기 때문이죠. 때로는 지금 구하는 대로 이루어지는 게 오히려 좋지 않기에 하나님이 거절로 응답하실 때가 있어요.

예수님이 주신 '기도 설명서'

그러면 우리가 어떻게 기도할 때 하나님이 잘 들어주실까요? 기도의 가장 기본 설명서는 주기도문이에요. 예수님이 직접 우리에게 만들어 주신 기도문이기 때문이에요. 이 주기도문을 보면 기도 제목의 우선순위가 나와 있어요. 기도가 어렵다면 주기도문으로 기도하는 것도 좋은 방법일 수 있어요.

① 하나님의 이름이 거룩히 여김을 받으시기를 ② 하나님 나라가 임하시기를 ③ 하나님 뜻이 이뤄지기를 ④ 우리에게 일용할 양식을 주시기를 ⑤ 우리가 우리에게 죄 지은 자를 용서한 것 같이 우리 죄를 용서해 주시기를 ⑥ 우리를 시험에 들지 않게 하시고 모든 악한 것에서 구해 주시기를 기도해요.

그래도 기도가 어렵다면

아직도 기도하기가 어렵게 느껴진다면, 보통 이 순서대로 기도하는 법을 배우면 좋아요.

① 찬양해요. 찬양은 하나님의 이름을 높여 드리는 행동이에요.
② 감사해요. 지금 기도의 자리에 필요한 내용으로 감사하는 기도를 드려요.
③ 회개해요. 하나님 앞에서 잘못을 아뢰면서 용서를 구하는 기도를 드려요.
④ 간구해요. 하나님께 구하는 제목으로 기도드려요.

여기서 가장 중요한 것은, 여러 가지 절차와 순서보다는 하나님을 찾는 간절함이에요. 마치 어린아이가 엄마한테 젖 달라고 우는 모습과 같은 것이 기도예요. 기도는 지금 내 마음 그대로를 하나님께 표현하는 시간이에요. 따라서 기도는 어렵지 않아요. 마음의 소원을 담아 하나님과 대화하듯 하면 되거든요. 하나님은 우리가 말을 많이 하고 잘한다고 들으시거나, 말을 못 하거나 적게 한다고 듣지 않으시는 분이 아니에요. 형식에 매이지 말고 간절한 마음으로 대화하듯이 하나님께 이야기하면 다 들어주세요.

Q34.

시험 기간에도 교회에 꼭 가야 하나요?

> "저는 시험 기간마다 너무 힘들어요. 공부해야 할 양도 많고 친구들은 보충으로 다들 일요일에도 학원에 가는데, 저 혼자 이렇게 교회에 나와 있는 게 맞나 하는 생각이 들어요. 시험 기간에도 꼭 교회에 가야 할까요? 이때만 잠깐 빠지고 혼자 마음으로 예배하면 안 될까요?"

    대한민국 청소년은 OECD 국가 중 학습량이 가장 많다고 해요. 다들 이렇게 열심히 노력하고 공부하는데 경쟁은 또 너무 치열해서 각자가 원하는 대학교에 진학할 수 있는 확률은 그리 높지 않아요. 그래서 우리나라 청소년은 다른 나라의 또래 청소년들보다 사교육을 더 많이 받곤 해요. 이와 같은 현실 속에서 특히 시험 기간에 학원 보충 수업은 너무나도 중요하게 느껴질 거예요. 크리스천 청소년이라면 이럴 때 과연 어떻게 행동하면 좋을지 함께 이야기를 나눠 볼게요.

주일은 어떤 날일까?

예수님을 믿는 사람들은 주일을 지켜요. 이것을 '주일 성수'라고 해요. 왜 크리스천이 주일을 지키는지 그 이유를 먼저 말씀드릴게요. 구약 시대에는 지금의 토요일을 안식일로 지켰어요. 6일 동안 천지를 창조하셨고 7일째에 안식하신 하나님은 우리에게도 쉼을 명령하셨어요. 안식일에 쉬는 것은 십계명에도 등장하는 하나님의 특별한 명령이에요. 그렇다면 왜 쉬라고 하셨을까요? 하나님이 우리에게 아무것도 하지 않으면서 마냥 놀라고 하신 것이 아니에요. 이 날에 모든 것을 창조하신 창조주 하나님을 기억하라는 뜻이 담겨 있어요.

따라서 구약의 안식일을 지킨다는 것은 하나님이 모든 것을 창조하셨음을 인정하는 행동이에요. "온 세상과 나를 만드신 분은 하나님이십니다"라는 고백과 함께 하나님의 절대 주권을 인정하면서 쉬는 것이 구약의 안식일을 지키는 의미였어요.

신약 시대에 와서는 예수님이 첫째 날인 일요일에 부활하셨고, 교회는 예수님의 그 부활하심을 기리기 위해 안식일 모임을 일요일로 변경하게 됩니다. 그래서 '일요일은 주님의 날'이라고 해서 '주일'이라고 불러요.

주일의 주인은 주님이시기에, 우리도 주님께만 집중해야 해요. 주일은 예배드리면서 주님을 생각하는 일에만 전력을 다해야 해요. 이것을 주일 성수라고 해요. 따라서 주일을 지킨다는 것의 의미는 이

날을 나를 위해 사용하지 않겠다는 뜻이에요. 오직 주님을 기억하고, 주님을 위해 사용하겠다는 뜻이에요. 이 주일로 세상과 우리를 구별할 수 있어요.

과거 신앙의 선배들을 보면, 그분들의 관심사는 딱 한 가지였어요. "어떻게 하면 주님을 기쁘시게 할 수 있을까?" 이러한 생각으로 주일은 오직 예배와 묵상과 교회 활동에만 전력하면서 시간을 보냈어요. 저는 그 덕에 한국 교회가 이만큼 성장했다고 믿어요.

주일은 나의 날이 아닙니다. 그래서 나를 위해서 사용하면 안 돼요. 이 점이 신앙의 가장 기본적인 내용이에요. 만약 오늘이 주일인데 내일 월요일부터 시험이 시작된다면 당연히 불안할 거예요. 공부할 시간이 너무 없게 느껴질 거고요. 다른 친구들은 이 시간에 모두 공부할 텐데 말이죠. 그래서 공부하지 않는 내 모습이 나를 더욱 불안하게 만들어요. 하지만 구약부터 하나님이 만들어 놓으신 창조의 원리가 있어요. 하나님은 일주일 중 6일만 성실히 공부해도 7일 공부한 친구들에 비해서 뒤처지지 않도록 디자인해 놓으셨어요.

내 인생을 하나님께 맡기는 연습

우선, 우리 친구가 하나님을 좀 더 정확히 믿길 바랄게요. 하나님은 그분의 자녀들을 사랑하시고, 자녀가 잘되길 원하세요. 그리고 늘 좋은 길로 인도하세요. 이 선하신 하나님을 믿으면서 시험에 임했으면 해요. 꼭 공부를 많이 한다고 점수가 잘 나오는 것이 아니에요. 공부에는 '효율성'이 필요해요. 집중력을 발휘해서 공부할 때, 많이 하는 것보다 더 좋은 결과가 나올 수 있어요. 또 시험 당일에는 컨디션부터 시작해서 여러 가지 변수가 발생하기도 해요. 갑자기 공부한 내용이 기억나지 않는 일도 생길 수 있어요. 지금 내신을 잘 받았다고 해서 다 좋은 대학교에 가는 것도 아니에요. 좋은 대학교 간다고 해서 인생에 모두 성공하는 것도 아니에요. 좋은 직장을 얻었다고 다 행복한 것도 아니고요.

인생을 하나님께 맡기는 연습을 해야 해요. 청소년기 때부터 하나님께 모든 것을 맡겨야 해요. 내 공부, 내 성적, 내 입시를 다 맡길 때 온전한 믿음으로 살 수 있어요.

시험 기간은 믿음을 점검하는 시간이에요. 내가 하나님을 의지하는 사람인지 내 실력을 의지하는 사람인지, 내 삶의 우선순위는 대학인지 하나님인지를 점검해 보세요. 하나님은 우리 친구의 온전한 믿음을 보길 원하세요. 시험 기간에 더욱더 하나님만을 찾는 간절한 믿음으로 성실하게 나아갈 때, 하나님은 기뻐하시고 우리 친구를 더 좋은 길로 인도해 주세요.

수련회랑 학원 특강이 겹치는데, 어디를 가야 하나요?

"수련회랑 학원에 중요한 특강이 겹쳤는데 어떻게 하면 좋을까요? 이번 특강은 엄청나게 유명하고 좋은 선생님들이 오신다던데, 이걸 놓치면 너무 아까울 것 같아요."

철학자 사르트르는 이런 말을 했어요. "인생은 'B'와 'D' 사이의 'C'다." 이 말은 태어남(Birth)과 죽음(Death) 사이에 선택(Choice)이 있다는 뜻이에요. 우리 인생은 계속해서 선택의 연속이에요. 어떤 기회는 이번 한 번뿐일 수 있어요. 아마 질문한 친구도 지금 선택의 기로 가운데 서 있는 것 같네요. 과연 수련회를 선택하는 것이 좋을까요? 아니면 학원 특강을 선택하는 것이 좋을까요? 먼저 수련회가 우리에게 어떠한 의미인지를 살펴볼 필요가 있겠네요. 특별히 선택과 타이밍이라는 관점에서 세 가지 의미를 확인해 볼게요.

수련회는 주님을 만나는 때

질문한 친구가 아직 주님을 인격적으로 만나지 못했다면, 수련회는 주님을 만날 수 있는 절호의 기회예요. 고린도후서 6장 2절 "보라 지금은 은혜 받을 만한 때요 보라 지금은 구원의 날이로다"라는 말씀이 떠올라요. 이번 수련회가 '구원의 날'일 수 있어요. 교회를 다니면서 아직까지 주님을 만나지 못했다면, 구원받지 못했을 수 있다는 뜻이에요. 우리는 반드시 인격적으로 주님을 만나야 해요. 2천 년 전 십자가에서 못 박혀 죽으신 주님을, 지금 내 죄를 위해 죽으시고 부활하신 주님으로 만나야 해요.

수많은 믿음의 선배들은 수련회를 통해 주님을 인격적으로 만났어요. 참 신기해요. 평소 예배 때는 별 반응을 보이지 않던 친구들도 수련회 때 역사가 나타나요. 그 이유는 수련회를 두고 기도로 준비하는 분이 많기 때문이에요. 교회 목사님, 전도사님, 선생님들이 사생결단하고 기도로 준비하기 때문에 하나님의 역사가 더욱 임하시게 됩니다. 청소년의 인생에서 주님을 만나는 게 중요할까요? 성적이 좀 오르는 것이 더 중요할까요? 이 두 질문은 비교가 되지 않을 거예요. 수련회는 주님을 만날 기회라는 사실을 꼭 기억하세요.

수련회는 떨어진 은혜를 회복하는 때

아무리 신앙 생활을 잘해도, 롤러코스터처럼 상승 곡선을 그릴 때가 있고 하향 곡선을 그릴 때가 있어요. 문제는 많은 사람이 계속 믿음의 바닥을 치고 있다는 거예요. 실제로 얼마나 많은 청소년이 얕은 믿음에만 머무는지 몰라요. 교회에 다니고만 있지, 마치 죽어 있는 듯한 모습이 너무나도 많이 보여요. 그러한 믿음을 가지고는 세상에서 승리할 수 없어요. 평생 세상에 끌려가는 인생, 믿음의 능력과 권능을 경험하지 못하고 예수님 없는 세상을 살고 말아요.

우리가 제대로 믿기 위해 가장 중요한 것은 식었던 믿음을 되찾는 거예요. 주님은 식어버린 에베소교회를 향해 지금 이렇게 말씀하세요. "너의 처음 사랑을 버렸느니라"(계 2:4). 믿음은 저절로 회복되지 않아요. 반드시 계기가 필요해요. 그리고 그 계기가 수련회일 수 있어요. 그간 주님 없이 살던 내 삶을 회개하고 주님과의 약속을 기억하며 바로 서는 시간이에요. 수련회는 놓쳤던 은혜를 다시 찾는 시간이에요. 내 영혼이 다시 온전케 되는 시간이에요. 하나님의 형상으로 회복할 기회인 거죠.

수련회는 인생의 꿈과 비전을 찾는 때

우리나라 사람들은 대학교를 졸업하고도 70%가 전공과 다른 직종에서 일한다고 해요. 중학교 3년, 고등학교 3년을 힘들게 공부해서 선택한 전공인데 결국 다른 일을 하고 있어요. 얼마나 큰 낭비이고 손실인가요? 처음부터 내 인생의 미래를 안다면 얼마나 좋을까요? 그러면 헛수고를 할 필요도 없을 테지만, 아쉽게도 우리는 미래를 알 수 없어요.

그런데 수련회 때, 말씀과 기도 시간에 내 인생의 미래에 대한 비전을 받아요. 때로는 생각하지 못했던 꿈과 비전을 주세요. 내 인생을 놓고 온 마음으로 기도하다 보면, 이제까지 한 번도 생각한 적 없는 길이 보일 거예요. 이처럼 수련회는 인생의 꿈과 비전을 찾는 시간이에요. 학원 특강도 중요하지만 내 인생 전체를 두고 볼 때, 수련회와는 그 어떤 비교도 되지 않을 거예요. 질문해 준 친구가 바른 'C'(선택)를 만들어 나가기를 바랄게요.

성경이 정말로 하나님 말씀이라는 증거가 있나요?

> "교회에서는 성경이 '하나님의 말씀'이라고 가르치잖아요? 정말로 성경책이 하나님 말씀이라는 증거가 있는 건지 궁금해요."

    삼성그룹 설립자인 고 이병철 회장은 죽기 전에 궁금한 24가지 질문을 남겼어요. 그중 하나가 "성경은 어떻게 만들어졌는가? 그것이 하나님의 말씀임을 어떻게 증명할 수 있는가?"라고 해요.

    하나님을 믿지 않고 사는 사람들도, 성경이 정말 하나님의 말씀이라는 근거가 있는지 무척 궁금할 거예요. 성경이 하나님의 말씀이라는 증거는 크게 두 가지로 나누어 설명할 수 있어요. 하나는 성경 자체가 말해 주는 내적 증거이고, 다른 하나는 성경 밖에서 말해 주는 외적 증거입니다. 먼저 어떠한 내적 증거가 있는지 살펴볼게요.

성경이 하나님의 말씀인 내적 증거

① 통일성

성경은 무려 1,600년 동안 40여 명의 저자가 기록했어요. 저자의 직업과 신분도 다양해요. 왕, 의사, 농부, 세리, 어부, 율법사, 제사장, 선지자 등이요. 이 말은 저자들의 영적, 도덕적, 지식적 수준 차이가 매우 크다는 뜻이에요. 그런데 성경 66권의 주제는 모두 같아요. 성경의 저자들은 함께 모여서 편집 회의를 한 적이 단 한 번도 없어요. 그렇게 오랜 세월 동안 기록된 성경의 내용에는 통일성이 있어요. 66권은 모두 한 방향으로 흐릅니다. 같은 내용을 담고 있어요. 그 핵심 주제가 바로 예수님의 십자가와 구원이에요. 정말 놀라운 것은 성경 저자 4분의 3은 예수님 오시기 전의 사람들이라는 점이에요. 그런데도 그들 모두 예수님에 대해서 매우 정확하게 다 기록했어요.

② 성취된 예언

심지어 성경의 초반인 창세기 3장 15절 말씀부터 "여자의 후손은 네 머리를 상하게 할 것이요 너는 그의 발꿈치를 상하게 할 것이니라"라는 예언이 시작됩니다. 성경의 첫 번째 책인 창세기에 기록된 이 말씀은 예수님의 십자가를 통해 그대로 이뤄져요.

구약 성경에 보면 예수님이 처음 오신, 초림에 대한 예언이 무척 많아요. 동정녀 탄생, 다윗의 후손으로 오심, 베들레헴 출생, 헤롯의 영아 살해 사건, 애굽으로의 피신, 유다의 배반, 십자가 처형 및 부활, 승천까지 다 예언되었고 이 말씀은 신약 성경에 다 그대로 성취되었어요.

③ 하나님의 영감

성경은 40여 저자들이 각각 자기 생각을 기록한 것이 아니에요. 하나님이 성경 저자들에게 영감을 주셨고, 그 영감에 따라 성경이 기록되었어요. 디모데후서 3장 16절을 보면 "모든 성경은 하나님의 감동으로 된 것으로 교훈과 책망과 바르게 함과 의로 교육하기 유익하니"라고 쓰여 있어요. 사람들이 쓰고 싶은 내용을 기록한 것이 아닌, 하나님의 영감에 의해 기록된 하나님 말씀이에요.

성경이 하나님의 말씀인 외적 증거

① 성경의 역사적 사실성

성경에 기록된 수많은 역사적 기술이 고고학 자료를 통해 사실로 입증되었어요. 또 성경의 수많은 사본이 이를 증거해요. 1947년에 사해 근처 쿰란 동굴에서 가장 오래된 성경 사본이 발견되었어요. 이 사본은 지금 우리가 보는 성경의 사본보다 무려 천 년이나 이전의 것이에요. 그런데 내용의 차이가 전혀 없어요. 수천 년 역사 속에서 사본이 전수되었는데, 내용상 작은 오류나 오차도 전혀 발견되지 않았어요.

② **저자의 진실성**

성경의 저자들은 직업도 삶의 환경도 다양했어요. 이들의 공통점은 모두 진실한 사람이라는 거예요. 이들 중에서는 자신의 믿음을 지키기 위해 고통스러운 죽음을 감내한 사람도 있어요. 하나님을 향한 이들의 사랑과 삶의 모습은 매우 탁월했어요. 성경 저자들이야말로 성경이 하나님 말씀이라는 것을 증언해요.

③ **성경의 불멸성**

성경을 파괴하려고 했던 시도는 엄청나게 많았어요. 로마 황제, 공산주의 독재자들, 현대의 무신론자들은 성경을 파괴하려 했지만 번번이 실패했어요. 특히 성경의 언어인 히브리어와 헬라어는 수천 년이 지나도 그 의미 변화가 거의 없어요. 따라서 수천 년 전 기록이 지금까지 온전히 지켜지고 있어요. 그뿐만 아니라, 전 세계에서 가장 많이 번역된 책이 성경책이고, 가장 많이 팔린 책 또한 성경이에요.

여기서 성경이 하나님의 말씀이라는 증거를 하나 더 추가하자면, 성경 자체가 지닌 놀라운 능력 때문에 그래요. 성경을 접한 후에 약물 중독자가 치유되고, 동성애자가 변화하고, 범죄자와 흉악범이 새로운 인생을 살게 되었어요. 성경은 지금도 수많은 사람을 새롭게 해요. 이상의 이유가 성경이 하나님의 말씀인 증거입니다.

학교에서 진화론을 배우는데 성경과 많이 달라 혼란스러워요.

"학교에서 과학 시간에 진화론을 배우고 있는데요. 성경의 내용과 많이 달라 혼란스럽기 시작했어요. 학교에서 배우는 진화론 어떻게 받아들여야 할까요?"

간혹 교회 친구들 가운데 믿음이 너무나도 좋은 나머지 과학을 배격하는 경우가 있어요. 하나님 말씀인 성경만 맞고, 모든 것은 틀리다고 주장하는 사람도 종종 있어요. 이러한 태도는 바르다고 볼 수 없어요. 과학은 인간과 세계에 대해 성실한 관찰과 실험을 거쳐 보편적 진리나 법칙을 만들어요. 우리 삶을 더욱 윤택하게 하는 순기능도 있어요.

크리스천 가운데도 훌륭한 과학자가 많이 있어요. 때로 이분들은 성경과 과학을 연결하기도 하고, 과학을 통해 하나님을 드러내기도

해요. 크리스천이 과학을 잘 배우면 활용하고 전할 수 있는 유익한 내용이 너무 많아요.

교과서 속 진화론

문제는 진화론이에요. 진화론은 생명체의 진화를 연구하는 학문으로 1859년 찰스 다윈이 발표한 『종의 기원』을 토대로 한, 그전에는 지구상에 존재하지 않던 이론이에요. 아직 100% 증명이 되지 않은 가설에 불과해요. 일본의 경우를 보면 인류의 기원에 대한 가설로 기독교의 창조론을 먼저 받아들여, 일본 과학 교과서에서는 창조론을 가르쳤어요. 그런데 다윈의 진화론이 만들어지며 방향을 틀게 되었어요.

우리나라 과학 교과서는 창조론은 전혀 언급하지 않고, 진화론을 인류 기원에 대한 유일한 가설로 다뤄요. 과학 시간에 공룡이 존재하던 백악기 시대의 지형과 기후 변화에 관한 내용들은 외우기가 정말 어려웠을 거예요. 하지만 이 모든 것은 가설이지, 증명된 내용이 아니에요. 심지어 그간 교과서에 실린 많은 진화론 관련 내용 중, 오류 결과가 확인되어 교과서에서 삭제가 되곤 했어요. 그런데도 진화론을 주장하면서 창조론은 무지하다고 치부하기도 해요. 문제는 이 진화론 가운데 증명되지 않은 것이 상당히 많은데, 모두 사실처럼 받아들인다는 점이에요. 진화론에 대해 질문해 온 친구에게 먼저 이렇게 조언하고 싶어요.

① 틀린 것도 알아야 해요

특히 세상의 다수 사람이 진리라고 여기는 학문과 사상의 주류를 알 필요가 있어요. 그래야 세상에서 승리할 수 있기 때문이에요. 만약 세상은 틀렸기 때문에 듣지도 보지도 않는다면, 세상과 단절된 채로 살아야 해요. 하지만 하나님이 우리에게 주신 사명은 세상을 변화시키는 거예요.

그러기 위해 우리는 반드시 세상을 알아야 해요. 과학도 알아야 하고, 진화론도 알아야 해요. 그들이 무엇이 틀렸는지 알아야, 그들에게 진리를 가르쳐 줄 수 있어요. 과학 시험에 진화론이 나올 때, 일부러 0점 맞을 필요는 전혀 없어요. 세상을 아는 측면에서 공부해야 할 필요가 있으며, 세상 속에서 크리스천의 존재감을 드러내기 위해서라도 공부를 잘할 필요가 있어요.

② 바른 교육이 필요해요

성경에서 인류 기원을 어떻게 설명하는지, 창조론을 바르게 공부할 필요가 있어요. 온오프라인 서점을 살펴보면, 창조론에 관한 책이 다양하게 나와 있어요. 창조론도 그냥 '하나님이 천지를 창조하셨다'라고 단순하게 접근하지 않아요. 그 안에는 성경 문자 그대로 해석하는 젊은 지구론도 있고, 과학과 보조를 맞춘 오래된 지구론도 있어요. 교회 목사님이나 전도사님께 요청해서, 설교 시간이나 특강 때 창조론을 들려 달라고 할 필요도 있어요. 이렇게 창조론에 대해 체계적으로 배워 나간다면 진화론의 잘못된 부분을 정확히 알고, 인류 기원에 대한 바른 관점을 가질 수 있어요.

③ 기독교 세계관을 공부해야 해요

　기독교 세계관이란 성경의 관점으로 세상을 바라보는 거예요. 성경이라는 안경을 쓰고 이 세상의 모든 학문을 재해석하는 거죠. 어떤 사람들은 성경과 세상의 학문이 완전히 구별된 것으로 생각하는데, 실은 그렇지 않아요. 일반 세상의 학문도 하나님이 만드신 거예요. 우리는 성경을 먼저 배우고 성경의 잣대로 세상 학문을 볼 수 있어야 해요. 기독교 세계관에 관한 책을 보면 왜 과학과 진화론을 공부해야 하는지 좀 더 분명한 이유를 알고, 사고를 넓힐 수 있기에 적극 추천합니다.

창조론에 대한 추천 도서
『1318 창조 과학 A to Z』(생명의말씀사), 『교과서 속 진화론 바로잡기』(생명의말씀사), 『진화론에는 진화가 없다』(생명의말씀사), 『창조과학 콘서트』(두란노), 『창조론 연대기』(새물결플러스)

기독교 세계관에 대한 추천 도서
『니고데모의 안경』(IVP), 『십대, 성경으로 세상을 보라』(사랑플러스), 『십대, 성경으로 세상을 살라』(사랑플러스)

외계인은 정말로 존재할까요?

"과학지를 보면 외계인이 등장하고, 간혹 외계인에게 납치되었다는 이야기가 있어요. UFO를 봤다고 주장하는 사람이나 사진도 많고요. 외계인은 정말 존재하는 걸까요?"

인류사를 보면 지구 밖에도 인간과 비슷한 생명체가 있다는 생각은 늘 존재해 왔어요. 그리고 이들이 UFO(Unidentified Flying Object, 미확인 비행 물체)를 타고 지구를 찾아왔다고 생각했어요. 그런데 중요한 것은 외계인 실체에 대한 과학적 증거는 하나도 없다는 점이에요. 대부분은 확인되지 않은 소문이고, 조작된 증거들이었어요. 2006년에 UFO에 대한 영국 국방 기밀 보고서가 공개되었어요. 당시 사람들은 영국 영공에 나타난 물체가 UFO라고 주장했는데, 국방부는 자연 현상이었다고 결론을 내렸어요. 특히 이 보고서에 의하면

"UFO가 딱딱한 물체로 존재한다는 근거가 없다. 대신 대기권, 중간권, 전리층에서 일어나는 물리적, 전기적, 자기적 현상에서 비롯한 것이 분명하다는 증거는 많다"라고 해요. UFO는 존재하지 않고, 대부분 기상 현상을 착각한 것이라는 뜻이에요.

어떤 사람들은 UFO를 가까이서 직접 확인했다고 주장하기도 해요. 그런데 이것은 일시적인 뇌의 문제로 인한 착각 증상이라고 밝혀졌어요. 뇌에 문제가 발생하면 마치 자기가 경험한 것처럼 생생하게 기억하고 묘사하지만, 사실이 아닐 때가 많다는 거예요. 실제로 천문학에서는 적어도 태양계 안에 인간과 같은 생명체는 지구 외에 존재하지 않는 것으로 확실하게 밝혀졌어요. 간혹 행성에 물이 있을 때 생명체가 살 수 있다는 주장을 제기했지만, 이 역시 가설에 불과했고 그럴 가능성은 거의 없어요.

외계인을 믿는 사람들

그런데도 외계인의 존재를 강력하게 믿는 집단이 있어요. 바로 사이언톨로지(Scientology)입니다. 사이언톨로지는 SF 작가 라파예트 로널드 허버드가 창시한 종교 단체로 외계인과 과학 기술을 믿는 종교 집단이에요. 이들은 존재하지도 않는 외계인을 신으로 추앙해요. 이 종교에 속한 대표 인물이 영화배우 톰 크루즈로, 그는 한때 신도들 사이에서 초능력과 텔레파시를 주고받을 수 있는 인물로 추앙받았어요. 다행히 지금은 여기서 나왔다고 해요.

외계인에 대한 호기심은 이제 우상 숭배로까지 번지고 있어요. 처음에는 외계인의 존재 여부에서 시작된 관심이 이제는 외계인을 신으로 추앙하고 예배하는 일까지 이어지고 있어요. 확인되지도 않은 외계인을 하나님이 직접 만드신 인간보다 더 뛰어난 존재로 생각하는 것은 엄연히 비성경적 사고입니다. 이러한 주장들을 보면 대부분 고대 종교와 최면술과 텔레파시 현상을 섞어서 만든 것이고, 사람들을 현혹할 목적을 가지고 있어요.

성경과 외계인

우주를 포함한 모든 세상은 하나님이 만드셨어요. 이 우주 속에 있는 모든 생명체도 다 하나님이 만드셨어요. 만약 외계인이 존재한다면, 그것도 하나님이 만드신 존재여야만 해요. 그리고 하나님의 관심 안에 있어야만 해요. 하지만 성경에는 외계인에 대한 언급이 한 차례도 없어요. 만약 성경에 언급되지 않은 외계인이 존재할 경우, 우리 신앙에는 다음과 같은 문제가 발생할 수 있어요.

첫째로, 성경은 인간만이 하나님의 형상으로 지어진 유일한 존재이고, 지구와 우주를 다스릴 권한을 받았다고 해요. 그런데 만약 외계인이 존재한다면 성경의 내용이 수정되어야 해요.

두 번째로, 외계인의 존재가 인정되면 예수님은 사람의 모습뿐 아니라 외계인의 모습으로 태어나셔서, 사람뿐만 아니라 외계인을 위해서도 돌아가셨다고 해야 할 거예요.

세 번째로, 성경은 사람의 거주지로 우주와 세상을 허락하셨는데, 외계인도 같이 거주해야 하는 곳으로 바뀌어야 하는 일이 발생해요. 성경은 인간 외에 비슷한 존재가 우주에 존재하지 않는다고 단정 짓지는 않아요. 전능하신 하나님이 우주에 생명체를 존재케 하시는 것 또한 어려운 문제도 아니에요. 하지만 외계인이 존재할 경우 성경을 기초로 삼은 우리의 신앙 근간을 흔들 수 있어요. 따라서 외계인의 존재를 부정적으로 보는 것이 바르다고 봅니다.

개신교는 교단이 왜 이렇게 많나요?

"다른 종교는 교파가 별로 없는데, 유독 개신교는 교파가 많은 것 같아요. 장로교, 감리교, 성결교, 침례교, 순복음 등 다양한 교단이 있다고 들었어요. 같은 하나님을 믿는다고 하는데 개신교에는 왜 이렇게 다양한 교단이 존재하나요?"

원래 기독교는 하나였어요. 그러나 중세 시대에 오면서 교회는 큰 타락에 빠지고 말아요. 당시 성경은 라틴어로만 번역되었고, 오직 사제만 성경을 읽고 해석할 수 있었어요. 심지어 사제들은 설교도 라틴어로 했어요. 일반 성도들은 성경을 읽을 수도, 설교를 알아들을 수도 없었어요. 죄를 지어도 하나님께 직접 죄를 고백할 수 없고, 이 모든 건 사제를 통해서만 가능했어요. 교회는 면죄부를 판매해서, 헌금을 많이 내기만 하면 죄를 없애 준다고 했어요. 심지어 죽은 사람의 죄도 없애 준다며, 지옥에 간 사람도 헌금을 많이 내고 면죄부를 사면 천국에 갈 수 있다고 했어요. 이렇게 교회는 면죄부로 엄청난 부를 축적했어요. 또한 많은 나라가 기독교를 국교로 삼으면서 교황의 권력이 매우 강해졌어요. 이러한 가운데 기독교는 말로 표현할 수 없을 정도로 타락해 갔어요.

종교 개혁 정신을 이어받은 개신교

이 타락한 기독교를 개혁하는 운동이 생겨났는데, 바로 '종교 개혁'이에요. 1517년 마르틴 루터가 95개조 반박문을 게재하면서 종교 개혁 운동이 실질적으로 시작되었어요. 전에는 사제만 읽고 해석할 수 있던 성경을 모든 사람이 읽을 수 있도록 했어요. 죄를 지으면, 누구나 하나님께 나아가 죄를 고백할 수 있도록 했어요. 교황 중심의 타락한 기독교를 개혁한 운동이 바로 이 종교 개혁이에요. 개신교는 종교를 개혁해서 만들어진 교파라고 할 수 있어요.

그래서 지금 기독교는 구교와 신교로 나뉘어요. 과거의 교회 전통을 그대로 따르는 기독교를 '구교'라고 하고, 종교 개혁 정신을 이어받은 기독교를 '신교'라고 해요. 구교는 크게 로마 가톨릭과 정교회로 구분됩니다. 교황을 중심으로 과거 교회의 전통을 그대로 계승한 것이 가톨릭이에요. 반면 교황의 지도권을 인정하지 않는 독립 교회를 정교회라고 불러요. 정교회는 주로 러시아와 그리스에 많이 있어요. 신교는 종교 개혁의 정신을 따라, 새롭게 개혁된 기독교라고 해서 '개신교'라고 불러요.

따라서 개신교는 종교 개혁의 정신을 이어받은 기독교입니다. 종교 개혁 당시에는 루터뿐만 아니라 울리히 츠빙글리, 장 칼뱅, 마르틴 부서 등 다양한 인물이 있었어요. 이 종교 개혁가들이 종교 개혁 운동을 펼친 결과로 다양한 교파가 만들어졌어요. 초창기에는 루터교, 개혁교, 재침례교, 성공회 등이 주류를 이뤘지요.

개신교의 특징 살펴보기

개신교의 가장 큰 특징은 '성경의 해석'이에요. 중세 교회처럼 성경은 특정인만 읽고 해석할 수 있는 것이 아니에요. 이제는 각 나라 언어로 성경이 번역되었고, 성경 안에도 다양한 해석이 존재해요. 성경 해석이 다양해지니, 그 해석을 바탕으로 다양한 신앙 체계가 만들어졌어요. 그리고 종교 개혁자들이 강조한 각자의 신앙 체계를 따라 독립된 신앙 노선이 만들어졌어요. 루터의 신앙 노선을 따르는 이들은 '루터교회'를 만들었고, 칼뱅의 신앙 노선을 따르는 이들은 '장로교회'를 만들었고, 웨슬리의 신앙 노선을 따르는 이들은 '감리교회'를 세웠어요.

우리나라에는 유독 장로교회가 많아요. 가장 큰 이유는 우리나라에 들어온 선교사님들 중 장로교 출신이 많으셨기 때문이에요. 장로교 안에도 여러 교단이 있어요. 개신교의 다양한 성경 해석으로, 다양한 신앙의 색채가 존재하기 때문이에요. 보수를 강조하는 신앙의 색채는 보수 장로교단을 만들었고, 진보를 강조하는 신앙의 색채는 진보 장로교단을 만들었어요. 개신교는 성경 해석의 자유와 개인의 신앙을 인정하기 때문에, 그 강조점에 따라 교단이 만들어졌어요.

우리나라 주요 교단의 특징

우리나라에 있는 주요 교단의 특징을 간략하게 살펴보면 다음과 같아요. 장로교회는 종교 개혁자 칼뱅의 신학과 전통을 계승한 교단이에요. 교회 안에 교인들의 대표인 장로를 세워 민주적으로 운영하도록 하는 것이 특징이에요. 감리교회는 영국의 웨슬리 신학과 전통을 계승한 교단으로, 성직자가 교회를 직접 운영하고 감독하는 것이 특징이에요. 성결교회는 감리교 웨슬리의 신학적 입장을 그대로 이어받고 19세기 성결 운동의 영향을 받아 신유와 재림을 강조하는 우리나라 자생 교단이에요. 침례교회는 영국 청교도의 영향을 받아 시작한 교단으로, 침수례(예수님을 주님으로 고백한 사람을 물에 완전히 잠기게 하는 세례 예식)를 성경적이라고 믿어요. 순복음교회는 19세기 은사 중심적 기독교와 복음주의 운동의 영향으로 세워진 개신교단이에요. 성경에 등장한 말씀만 순수하게 복음으로 믿어 순복음이라고 해요. 개신교 안에 이렇게 다양한 교파가 존재하지만, 모두 예수를 그리스도로 고백하고 한 성경을 믿는 건강한 교회 공동체입니다.

교회와 이단의 차이는 무엇인가요?
어떤 기준으로 이단이라고 하나요?

"교회를 다니지 않는 친구에게는 교회나 이단이 큰 차이가 없어 보일 것 같아요. 교회와 이단을 구분할 수 있는 기준은 무엇인가요?"

성경을 보면, 기독교 초창기부터 이단이 존재해 왔어요. 기독교 역사에서는 주후 3세기부터 성직자와 교회의 체계를 세웠어요. 그 이유는 이단이 너무 많았기 때문이에요. 신약 성경 중 이단 때문에 기록한 성경이 무려 9권이나 됩니다. 이렇게 이단은 과거부터 지금까지 교회를 위협하고 공격하고 있어요.

이단을 구분하기는 무척 어려워요. 대놓고 이단이라고 주장하는 곳은 없어요. 이단(異端)의 한자를 보면 '끝이 다르다'라는 뜻이에요. 이단이 인도하는 성경 공부도 처음에는 정통 기독교랑 똑같이 느껴져요. 처음부터 내가 속한 곳이 이단이라고 생각하는 사람은 거의 없을 정도죠.

이단의 특징
① 성경을 하나님 말씀으로 인정하지 않아요

이단은 성경이 오류가 없는 하나님 말씀이라는 사실을 인정하지 않고 새로운 계시를 주장해요. 성경 외에 다른 계시의 말씀을 추가해요. 통일교는 문선명이 쓴 원리강론을, 모르몬교는 예수 그리스도의 또 하나의 성약이라 주장하는 모르몬경을, 안식일교는 엘렌 지 화이트의 600여 개 신적 계시와 조언을 추가했어요. 그뿐 아니라 정통적인 성경 해석에서 벗어나 임의로 해석하는데, 특히 한 가지 주제와 내용에만 집중한 짜맞추기식이에요. 처음에 그런 해석을 들으면 누구나 혹할 만한 내용이에요. 하지만 신학적으로 보면 모든 것이 엉터리죠.

② 예수 그리스도의 신성과 인성을 부인해요

예수님은 100% 하나님이시지만, 100%의 인간으로 이 땅에 오셨어요. 하지만 이단은 하나님이신 예수님이 사람이 되신 '성육신'을 부인해요. 예수님이 그저 마리아의 아들이라고 주장한 이단이 많아요. 통일교와 신천지는 예수님이 구원 사역에 실패했다고 하며, 자신들의 교주가 곧 새로 재림하신 예수님이라고 해요.

③ 삼위일체를 부인해요

하나님은 한 분이신 동시에 성부, 성자, 성령 하나님의 세 인격체로 존재하세요. 이러한 삼위일체를 부인하는 대표적인 이단으로 여호와의 증인이 있어요. 이들은 하나님은 한 분이시며 성경에 삼위일체라는 용어가 없기에 삼위일체는 비성경적이라고 주장해요. 하지만 신구약 성경 전체는 삼위로 존재하시는 한 분 하나님을 이야기하고 있어요.

④ 시한부 종말론을 주장해요

많은 이단이 예수님 재림 날짜를 예언해요. 세상의 종말을 주장하면서, 신자들을 현혹해서 모든 재산을 팔도록 해요. 또는 자기들만의 공동체를 만들어 집단생활을 하기도 하고, 심지어 해외로 집단 이주를 떠나기도 해요. 하지만 성경은 분명 "그 날과 그 때는 아무도 모르나니 하늘의 천사들도, 아들도 모르고 오직 아버지만 아시느니라"(마 24:36)라고 말해요.

⑤ 교회를 공격해요

이단은 교회를 인정하지 않고 비난해요. 특히 교회에는 구원이 없다는 표현을 자주 사용해요. 목회자들을 비난하고 때로는 몰래 잠입해 교회를 깨뜨리는 일을 해요. 신천지는 '산 옮기기'라는 수법으로 한 교회를 야금야금 장악하기도 해요. 이단은 자신들만 하나님과 교제하고 소통할 수 있고, 구원에 이를 수 있으며, 다른 교회들은 사탄에게 넘어갔다고 거짓 주장을 해요.

⑥ 비윤리적이에요

이단의 비윤리적인 모습은 공중파 TV에서도 여러 번 보도되었을 정도로 문제가 심각해요. 문란한 성생활부터, 재산 갈취, 상습적인 거짓, 인권 유린, 폭력, 심지어 살인 등 부도덕이 판을 치고 있어요. 이들은 하나님의 뜻이라고 주장하면서 비윤리적이고 부도덕한 일을 감행해요.

⑦ 교주를 신격화해요

대부분의 이단은 교주를 신격화해요. 신천지 대형 집회를 보면 이만희가 백마를 타고 등장해요. 요한계시록 19장에 등장하는 '백마를 탄 자'를 이만희로 인식시키는 거죠. 정명석과 이재록은 어린 여신도를 가스라이팅하며 성적으로 유린하기도 했어요.

이단은 지금도 우리 주변에 너무나도 많기에, 크리스천 청소년은 늘 깨어 있어야 해요. 성경은 "너희가 사람의 미혹을 받지 않도록 주의하라 많은 사람이 내 이름으로 와서 이르되 나는 그리스도라 하여 많은 사람을 미혹하리라"(마 24:4-5)라고 해요. 이 말씀을 기억하며 바른 신앙을 따르는 크리스천 청소년이 되길 기도합니다.

사명선언문

너희가 흠이 없고 순전하여……세상에서 그들 가운데 빛들로
나타내며 생명의 말씀을 밝혀 _ 빌 2:15-16

1. 생명을 담겠습니다
만드는 책에 주님 주신 생명을 담겠습니다.
그 책으로 복음을 선포하겠습니다.

2. 말씀을 밝히겠습니다
생명의 근본은 말씀입니다.
말씀을 밝혀 성도와 교회의 성장을 돕겠습니다.

3. 빛이 되겠습니다
시대와 영혼의 어두움을 밝혀 주님 앞으로 이끄는
빛이 되는 책을 만들겠습니다.

4. 순전히 행하겠습니다
책을 만들고 전하는 일과 경영하는 일에 부끄러움이 없는
정직함으로 행하겠습니다.

5. 끝까지 전파하겠습니다
모든 사람에게, 땅 끝까지, 주님 오시는 그날까지
복음을 전하는 사명을 다하겠습니다.

서점 안내

광화문점	서울시 종로구 새문안로 69 구세군회관 1층 02)737-2288 / 02)737-4623(F)
강남점	서울시 서초구 신반포로 177 반포쇼핑타운 3동 2층 02)595-1211 / 02)595-3549(F)
구로점	서울시 동작구 시흥대로 602, 3층 302호 02)858-8744 / 02)838-0653(F)
노원점	서울시 노원구 동일로 1366 삼봉빌딩 지하 1층 02)938-7979 / 02)3391-6169(F)
일산점	경기도 고양시 일산서구 중앙로 1391 레이크타운 지하 1층 031)916-8787 / 031)916-8788(F)
의정부점	경기도 의정부시 청사로47번길 12 성산타워 3층 031)845-0600 / 031)852-6930(F)
인터넷서점	www.lifebook.co.kr